U0013504

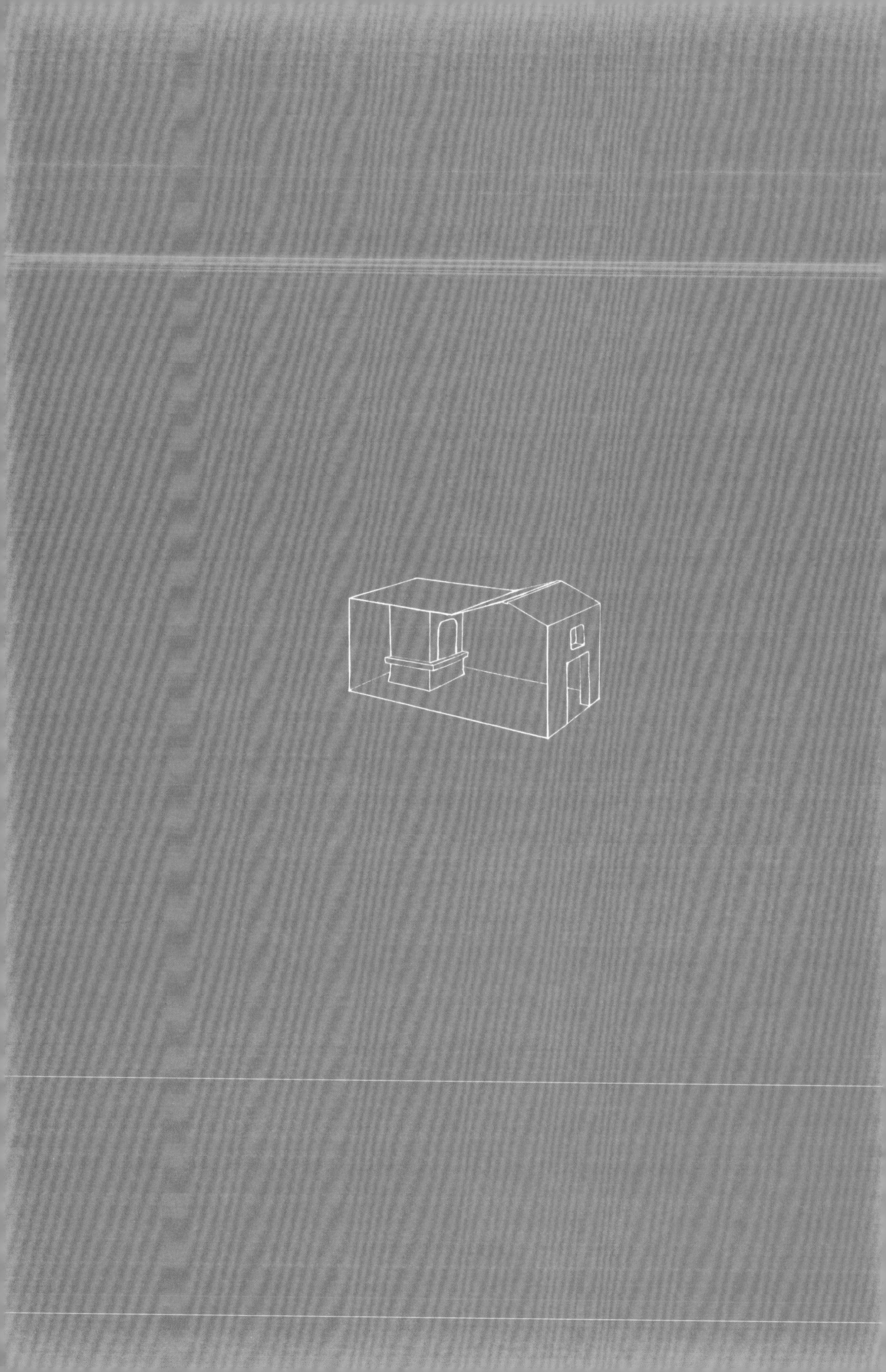

圖說敦煌二五四窟

敦煌研究院
陳海濤／陳琦　著

莫高窟前的
宕泉河

從三危山
遠眺莫高窟崖壁

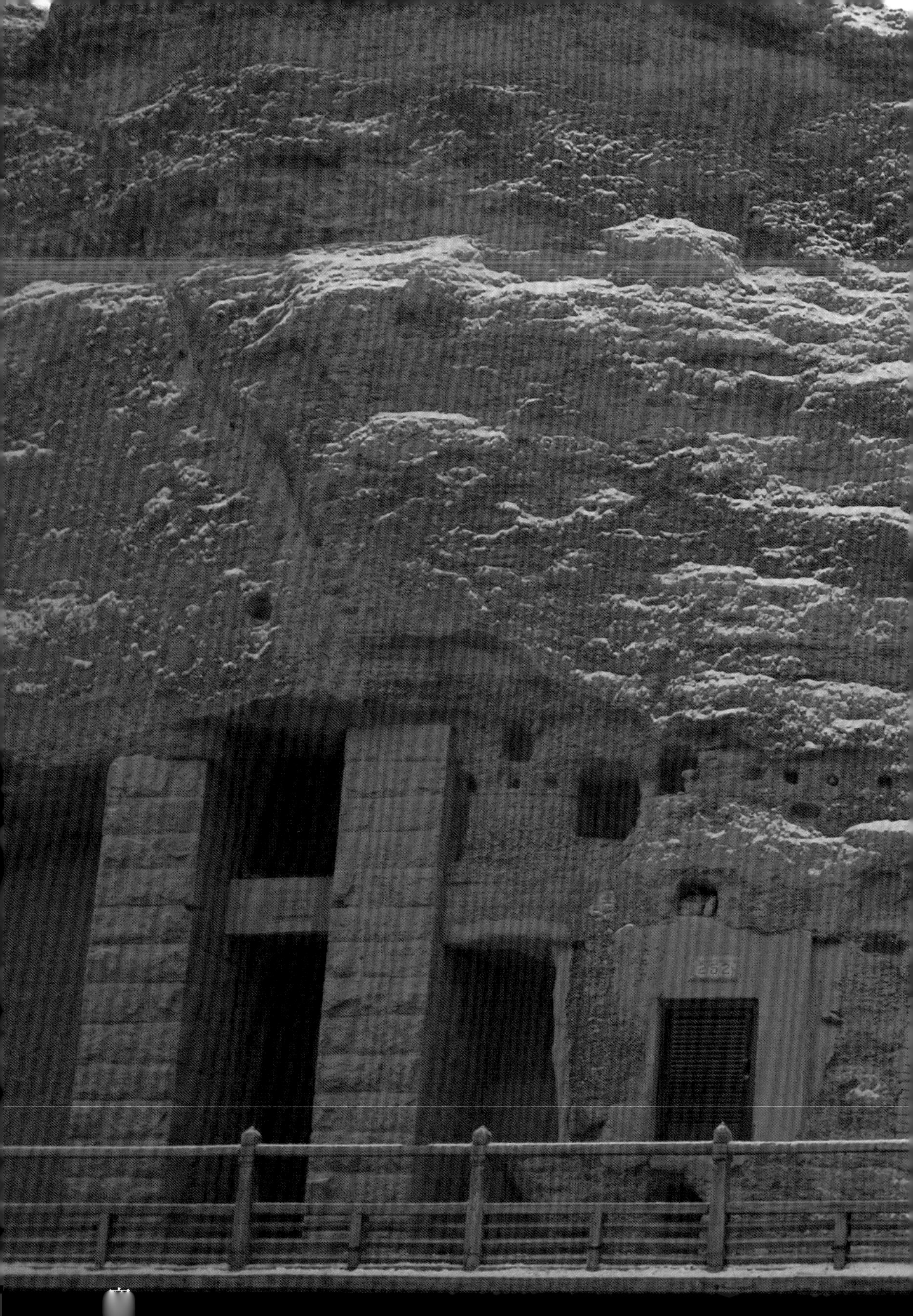

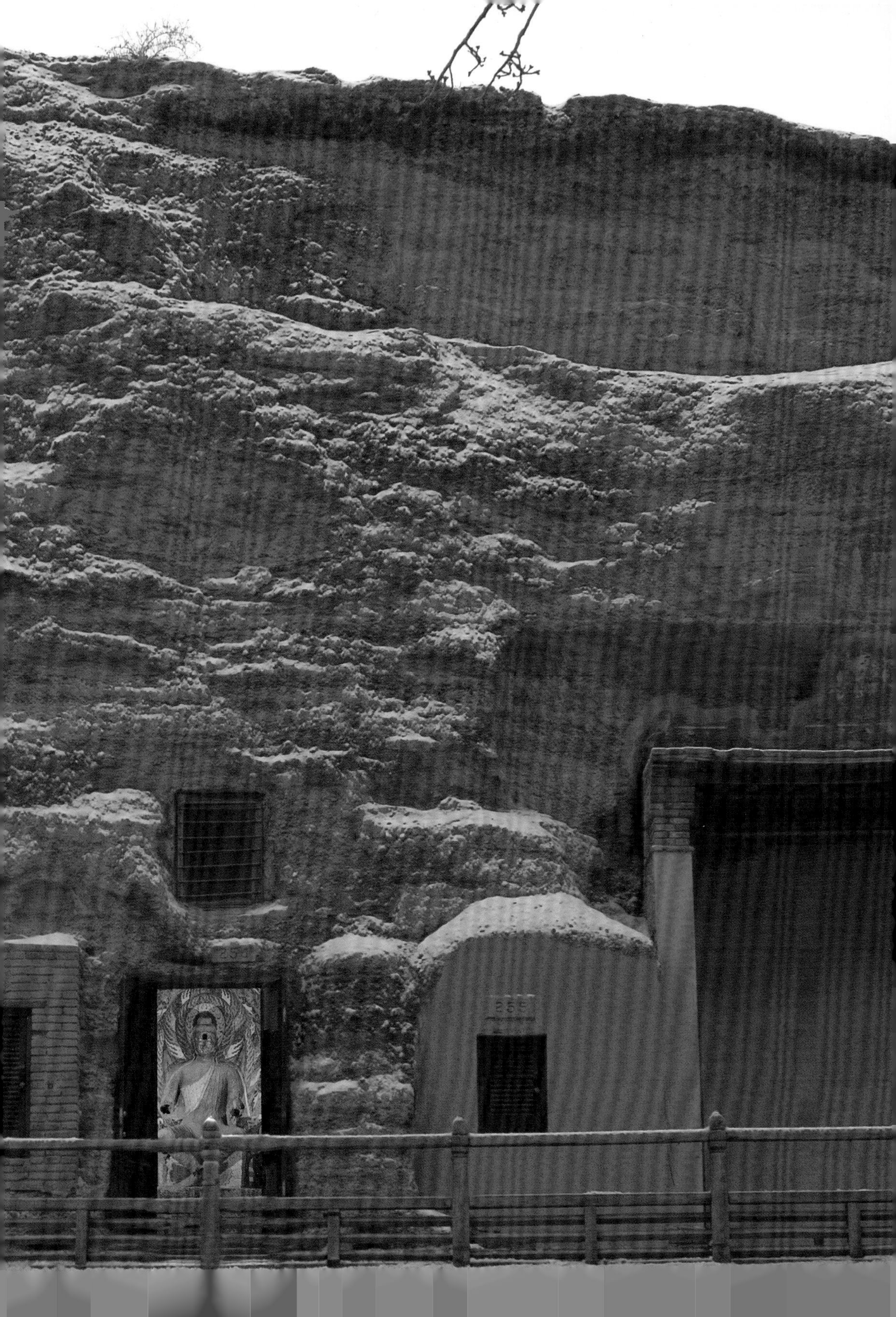

254 窟
內景

《敦煌研究院學術文庫》總序

敦煌學從研究項目來說，主要包括三個方面：一是從藏經洞出土的古代文獻（也稱為敦煌文獻、敦煌遺書）及其他文物，二是敦煌石窟，三是敦煌及絲綢之路的歷史文化。

1900年敦煌莫高窟第17號洞窟（後被稱為「藏經洞」）所藏的數萬卷古代文獻及紙本、絹本繪畫品始見天日，這是人類文化史上的重大發現。由於清政府的腐敗，未能採取有效的保護措施，致使這些珍貴的文化遺產大部分流落海外。在其後的數十年裡，敦煌文獻受到世界漢學研究者的關注，很多學者投身於敦煌文獻及藝術品的研究。敦煌文獻包羅萬象，涉及古代政治、經濟、文學、語言學、科學技術等領域，一百餘年來，有關敦煌文獻的研究著作可以說汗牛充棟。「敦煌學」這一名稱也源於對敦煌文獻的研究。而隨著對敦煌文獻研究的深入，必然需要對敦煌本地歷史、地理及相關遺跡進行調查研究。敦煌位於絲綢之路中西文化交流的要道，敦煌的歷史又與中國西部發展，特別是絲綢之路發展的歷史相關聯，因而，對敦煌與絲綢之路歷史文化的研究，也成為敦煌學的一個重要方面。對敦煌石窟的研究相對較晚，雖然法國人伯希和於1908年對敦煌石窟做過編號，並對洞窟內容做了詳細紀錄，1914年俄國奧登堡探險隊也對莫高窟做過測量和紀錄，但伯希和除了上世紀30年代在法國出版過圖錄外，他的《敦煌石窟筆記》遲至上世紀80年代以後才正式出版，而奧登堡探險隊的洞窟測繪紀錄則到了上個世紀末才由中國上海古籍出版社出版。由於敦煌地理位置偏遠，在過去交通不便的情況下，到敦煌石窟的實地考察很難實現。當伯希和出版了敦煌石窟圖錄後，日本學者松本榮一據此寫成了第一部敦煌圖像考證的專著《敦煌畫の研究》（1937年出版），但作者卻一輩子沒有到敦煌石窟做過實地考

察。1944年，敦煌藝術研究所成立，以常書鴻先生為首的一批研究人員在極其艱苦的條件下，開始對敦煌石窟進行系統的保護和研究工作。1950年，敦煌藝術研究所更名為敦煌文物研究所，除了美術臨摹與研究外，還加強了石窟保護工程的建設，並開展了考古研究工作。1984年敦煌文物研究所擴建為敦煌研究院，增加了研究人員，並在石窟的科學保護、石窟考古、石窟藝術以及敦煌文獻研究方面形成了較為集中的研究力量，取得了很多重要的成果。

進入二十一世紀以來，敦煌學的發展面臨著新的機遇與挑戰。敦煌莫高窟作為世界文化遺產地，其石窟的保護與研究工作受到國內外學術界的普遍關注。國家不斷投入資金，支援敦煌學研究事業，國內外友好人士也給予廣泛的援助。敦煌研究院與國內外學術機構的合作與交流也不斷發展。可以說敦煌學研究工作進入最好的時代。近年來，敦煌研究院的研究人員在老一輩專家學者開創的道路上繼續奮進，並在敦煌學的各個領域取得了令人振奮的研究成果。不少研究人員陸續獲得國家社會科學基金項目以及省部級學術研究項目審核通過，敦煌研究院也設立了院級學術研究專案，加大了對學術研究資助的力度。

為了讓新的研究成果儘快出版，以推動敦煌學研究事業，我們決定持續地編輯「敦煌研究院學術文庫」，遴選出能代表本院學術研究成果的著作，陸續出版。「敦煌研究院學術文庫」以推動敦煌學研究為宗旨，所收的著作，要在敦煌學及相關領域的研究上具有創新性、開拓性，在研究方法上具有啟發性，對敦煌學研究產生積極的影響。

敦煌研究院將創造更好的學術環境，努力推動世界範圍內的敦煌學研究持續向前發展。

目錄

第四章
南壁：釋迦降魔成道 / 136

第五章
整窟：禪觀的精神 / 180

第六章
結語：風雲時代的 254 窟 /218

敦煌莫高窟

254 窟

254 窟全景漫遊

引言

敦煌莫高窟被譽為人類文化藝術的寶庫，這裡保存了自北涼到元代（四－十四世紀）綿延一千餘年的石窟藝術，中華、印度、希臘、伊斯蘭等幾大文明在此交融碰撞，歷代虔誠的僧侶、供養人與匠師團隊為它傾盡心血。漫長的時間、廣闊的空間與善巧的心靈共同作用，形成了這座集壁畫、彩塑、石窟建築於一體的文化藝術殿堂。

時至今日，敦煌仍有四百九十二座石窟保留有壁畫及彩塑，它們集中分布在敦煌市往東南方向25公里，三危山與鳴沙山之間、宕泉河邊一片平整的長1700餘尺、高30餘尺、坐西朝東的山崖上。為了對應方便，研究人員為每座石窟都指定了編號。每年有百餘萬遊客不遠萬里來到這裡旅遊參觀，希望一睹古代石窟藝術的風采。在敦煌研究院講解人員的引導下，一隊隊遊客被分組帶到窟區，在崖壁蜿蜒的棧道上往來穿梭，時而會在一扇緊閉的窟門前駐足。窟門平時都是關閉的，只有當解說員用鑰匙將鎖打開時，觀眾才有機會深入到洞窟中一探究竟。入口處相對窄小，但走進一看呢，真是來到另一個世界。洞窟內的空間往往比從外面看到的要大得多，有的像一個長方形的走廊，有的像一個寬敞的大廳，有的前後左右帶有套房，有的還有四方塔柱，人可繞行。再往上看，窟頂也各有不同，有的是平頂，有的是穹頂，有的是四坡頂，有的還結合了人字披頂。環顧四周，與窟外滿眼單調的黃色砂石岩壁形成鮮明對比，窟內從下到上、從四壁到建築構件都布滿了裝飾。由於修建時代和修建者不同，每座石窟形成了不同的色調，有的是土紅色調，有的是石青色調，有的是石綠色調，也有的是年久氧化變色後的暗鬱灰色調，而在整體的色調下，又盡是生動細膩的色彩搭配變化，讓現代專業的美術家、設計師也連連稱絕；每座窟內又充滿了豐富的圖案和形象，有佛，有菩薩，有神獸，有人，有動植物……眾生以不同的方式組織穿插在一起，在荒涼寂靜的幽暗洞窟中化現出一幅幅蘊含靈性與生機的畫面。被眼前這一切所震懾的觀眾，在驚嘆之餘，或許也會感到有些茫然無措，面對鋪天蓋地的圖像，眼睛不知該從哪裡看起，該如何去欣賞、理解這些圖像的含義。它們為何出現在這裡？描繪了什麼？又想向觀眾傳達怎樣的資訊？人們不禁想要去解開這些千百年來留下的謎題。

如果要把這四百九十二座石窟都帶領大家看一遍，那真是項太艱鉅的任務，遠遠超出了一本書的容量和我們的能力。這本不厚的小書希望做到的，是特別引導讀者走進其中的一座石窟，讓我們的目光定下來，靜靜地、仔細地去欣賞一鋪壁畫，進而可以有序地循著古代畫師的營造方式去觀看同一石窟內的其他兩鋪壁畫，再進而能夠與窟內的其他圖像、塑像結合起來，理解它們的整體意涵和主題。我們希望，透過這樣一個有代表性的例子，可以超越一般常見的知識性介紹，使讀者和觀眾更深層次地領會這些紛繁圖像背後的精神與思想，更具體地體驗到敦煌石窟的創建者構思每座石窟時的匠心和意圖，我們深信，這些正是莫高窟留給後世的最寶貴的財富。

我們將要選出的，是修建於北魏時期的第254號洞窟。它正處於崖壁中間，採光良好，受流沙與潮濕影響較小。在它周圍，分布著莫高窟修建時代較早的一批洞窟，著名的北涼275窟就在其北面不遠處。由此可見，這一帶也是被最初的營建者所相中的黃金位置。由於年代久遠、保存完整、藝術價值珍貴，254窟很少對公眾開放，希望透過這本小書，透過我們的講解和描述，可以使您領略它的精粹。

推開窟門，首先映入眼簾的是一尊莊嚴偉岸的交腳佛像，他穩坐在中心塔柱正面的圓券龕下，面朝東方。清晨初升的陽光透過門楣上方的明窗，正好照落在他的身上，也使得整窟前

（右頁圖）
254窟內景

室的光線比其他窟更明亮，而且散發出深邃的藍紫色調。高敞的窟內空間布滿各類圖像：前室南北兩壁的中下段，繪有四鋪表現釋迦本生、佛傳故事的精彩壁畫；中上部的闕形龕、列龕裡塑有犍陀羅風格的禪修佛像；環繞四壁，繪滿排列整齊、榜題名號的千佛形象；中心塔柱除了正面的主尊，其餘三面都是雙層龕，也塑有佛像及菩薩像；後室窟頂繪有平棋藻井，前室的人字披頂則利用豎條形的分割，繪製了三十四位天人菩薩，每人手中都持有一枝曼妙的植株。其他還有天宮伎樂、地神、說法圖、白衣佛等，幾乎所有的空隙都填滿圖像，彷彿要在有限的空間裡容納下一個宇宙。

敦煌壁畫在現代印刷品中往往被單獨截取，實際上它們當年都不是純粹為了審美目的創作，而是與整窟的建築、塑像和圖像共同作用，構成一座佛教宣教修行的殿堂。本書主要解讀的一鋪壁畫——〈薩埵太子捨身飼虎圖〉，就位於254窟南壁中段，它被公認為中國美術史上的一件絕世佳作。不過很可惜，關於它的作者和具體的創作背景，都已隨著大漠黃沙湮沒在歷史中，最多也只能根據目前有限的資料來冒昧揣測。但這並不妨礙藝術本身強大的感染力，無數觀眾為之動容，張大千、常書鴻、董希文等許多著名藝術家，都曾在這幅作品前潛心臨摹。一千五百年前的畫師，是如何以他真摯深沉的情感和高超的技藝，緊緊抓住觀眾的目光，進而深深地觸動人心？他透過畫面想要表現怎樣的內容？這幅壁畫與整窟其他的豐富圖像又有著怎樣的聯結？它們是在怎樣的情境中被組織在一起？這些都是我們將要去探討的話題。在進入畫面的具體分析之前，有一點需要特別提請讀者注意：敦煌的藝術與它的歷史、文化密不可分，若能不局限於目光所見，增加對古老文明的感受和理解，那麼這些流傳千年的遺跡便不再緘默，從而開始它獨特的訴說。因此，為了更好地認識理解這鋪壁畫和這座洞窟，讓我們做好準備，穿越時光隧道，去開啟一場心靈的探尋旅行……

（左頁圖）
常書鴻摹〈捨身飼虎〉壁畫（局部）

第一章

背景

敦煌的艱難歲月

對於敦煌百姓而言，
莫高窟是奇蹟的化身，
是他們重要的精神寄託。
一泓清泉劃開死寂的戈壁，
為莫高窟帶來了生命的契機。

一場發生在北魏時期的朝堂議辯

北魏延興四年（474）秋7月，敦煌進入最艱難的時刻。

4000餘里外首都平城（今山西大同）的朝堂中，正進行著一場激烈的辯論，一位尚書省的官員正心懷畏懼地陳述著北魏面臨的邊境壓力。帝國的勁敵——北方草原上呼嘯而來的柔然騎兵正在乘隙發起對北魏的進攻，目標是一切可以帶走的財產。他們活動的地域東起外興安嶺，西接今日的新疆哈密，北逾今俄羅斯境內的貝加爾湖。他們強悍無比，即使是由北魏最精銳的邊鎮軍所重點拱衛的首都，也曾險些被柔然騎兵攻入，而那些北魏西部的邊陲城鎮，在漫長的防線上更是難以得到外界援手，每個邊鎮都要為了安危存亡，各自為戰。

敦煌——這個地處北魏版圖最西端的城市，更是這糟糕時局中的晦暗所在。勢如破竹的柔然騎兵將西域諸國逐次征服，使得敦煌的西部和北部都直接暴露在它的攻勢面前。而南面青海高原的吐谷渾部族也隨之蠢蠢欲動，敦煌可以說是腹背受敵。在朝廷大員們的心目中，當首都尚需集全國精銳之師才能得以保全之時，這個偏遠又搖搖欲墜的邊疆城市，似乎並不值得維繫一條漫長的補給線去奮力保衛。

這位尚書省官員擦拭著額頭上的汗，建議放棄敦煌，遷空百姓，把它變成荒無人煙之地，扔給胃口大開的柔然，然後將邊境後撤至1600餘里外的涼州（今甘肅武威），以求彼此相安無事。群臣均以此為然。

這時，一位名叫韓秀的官員起身反對。韓秀指出：「敦煌的歷史由來已久，雖然地處強寇之側，但兵卒與百姓都早已適應了這種危機狀態。縱然不斷遭受騷擾侵奪，但都沒有對敦煌構成根本危害。敦煌只需按照常規部署兵力，就可以保護自己，而且進可以阻斷柔然東進的道路，退可以打消青海吐谷渾對河西地區的覬覦之心。如果放棄敦煌，則有可能觸發柔然與

敦煌局勢圖

北魏最精銳的部隊駐守於平城六鎮，拱衛首都。而敦煌扼守著西域、北方草原與南方的青海高原三個方向，是絲綢之路的咽喉要道，在北魏時期也一直承受著戰爭的壓力

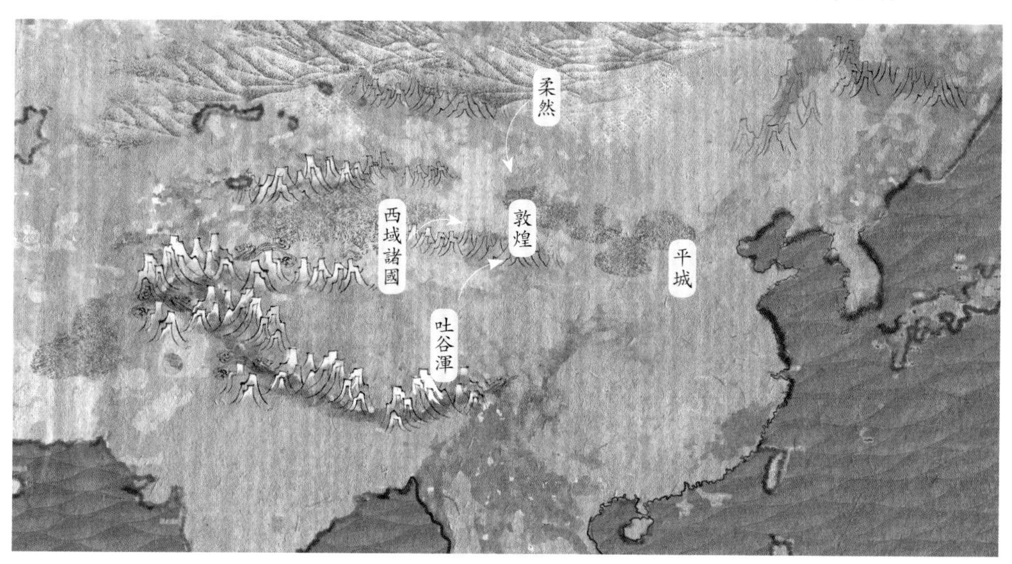

吐谷渾勢力的合作，使河西走廊危機重重，關中長安不能安枕，北魏邊防將永無寧日。」他這番話力挽狂瀾，申明了敦煌的重要性，使得朝廷決定暫不放棄敦煌。韓秀此時的官位不高，僅為從六品的給事中，但他這段卓有見地的申辯卻令他在《魏書》與《資治通鑑》中青史留名，也使敦煌文明的脈搏沒有就此戛然而止。[1]

但即使智慧如韓秀者，也未必能完全預料敦煌的未來。敦煌的命運，還要看敦煌民眾的意志與行動。

邊庭飄搖，絕域蒼茫。首都這場決定敦煌生死存亡的辯論，那些敦煌父老當時或許並不清楚，他們此刻正負戈在烽燧上巡邏，或搶在戰爭的間隙到田間收割。在以寡敵眾的作戰中、在孤立無援的堅守中，有一種力量讓他們頑強地相信未來……

[1]「延興中，尚書奏以敦煌一鎮，介遠西北，寇賊路衝，慮或不固，欲移就涼州。群官會議，僉以為然。秀獨謂非便，曰：『此蹙國之事，非闢土之宜。愚謂敦煌之立，其來已久。雖土鄰強寇，而兵人素習，縱有姦竊，不能為害，循常置戍，足以自全。進斷北狄之覘途，退塞西夷之闚路。若徙就姑臧，慮人懷異意。或貪留重遷，情不願徙，脫引寇內侵，深為國患。且敦煌去涼州及千餘里，捨遠就近，遙防有闕。一旦廢罷，是啟戎心，則夷狄交構，互相來往。恐醜徒協契，侵竊涼土及近諸戍，則關右荒擾，烽警不息，邊役煩興，艱難方甚。』乃從秀議。」史見《魏書・韓秀傳》，第953頁，北京：中華書局，1974年；及《資治通鑑》第133卷，第4184頁，北京：中華書局，1956年。

西元五世紀前後敦煌的歷史與地理

敦煌有著輝煌的過去，在西元前111年前後，伴隨著漢武帝開邊的號角，敦煌開始名聞海內，這裡成為轄治萬里西域的指揮基地。

作為絲綢之路的咽喉要道，溝通歐亞大陸的大動脈——絲綢之路在敦煌分成了兩股，西出陽關與玉門關，形成了絲路的南路與北路，通向印度、波斯與東羅馬帝國。海洋商貿之路興盛之前的近千年中，敦煌都是重要的商業與文化都市，人類各大文明的交匯與碰撞之地。[1]

無數商旅、傳教者、士卒都在這蔥郁的綠洲中飲過祁連山清涼的融雪，然後繼續在滾滾黃沙中東西而行。作為絲綢之路的咽喉重鎮，那些將生活妝點得輕盈美麗的絲綢經由敦煌運往遙遠的西方，而給生命以撫慰和安頓的佛教也從敦煌進入漢文化的世界，為中華文明匯入了豐富的哲思智慧與別樣的生活形態。

敦煌百姓的內心同時容納了三個維度的世界：自己腳下的這片令人無盡眷戀的綠洲、東土漢地的禮樂正朔以及西方世界的繁華新鮮。當中原經歷著自西晉永嘉之亂以來長達兩百年的社會動盪、生靈塗炭之時，敦煌與河西地區卻保持了相對的安定。充分的日照、穩定的灌溉系統以及肥沃的綠洲土地讓敦煌的農業非常發達，生活安定而富足，民風世篤，人物雋雅。由內地遷來的家族，在此延續發展了漢文化，使之成為敦煌的社會根基與文化主脈。

世代安定讓敦煌產生了傑出的大儒和頂尖的書法家，例如留名書史的張芝、索靖，他們的儒學建樹與書法藝術都產生過深遠影響。[2]張芝以草聖之名而著稱，他留下了「臨池皆墨」的勤奮傳說，連王羲之也將張芝的書法成就作為自我評價的座標。

❶ 據研究，拜占庭金幣從鑄造到流通於中原並被隨葬入墓只需要五十年時間，有的甚至只用了二、三十年，當時北朝與拜占庭帝國交往密切，自西域到黃河河套，相當繁榮。轉引自唐長孺：〈北涼承平七年（449）寫經題記與西域通往江南的道路〉，收入閻文儒、陳玉龍編：《向達先生紀念論文集》，第104-117頁，烏魯木齊：新疆人民出版社，1986年。

❷ 有學者認為，敦煌地區的書法實踐與書體轉化對內地產生了深遠的影響，章草、今草、楷書都可能是從敦煌一帶興起，是在河西地區書法家張芝、索靖影響下形成的書風。參見伊藤伸：〈從中國書法史看敦煌漢文文書〉，《敦煌研究》1995年第3期；及崔中慧：〈流沙墨韻——敦煌吐魯番佛教寫經書法探祕〉，《2012亞洲佛教藝術專題研習會——中印佛教藝術探源研習講義》，第120頁，香港：香港大學佛學研究中心，2012年。

東西方人口交會與文化的多元也促成佛教在敦煌的繁榮。敦煌的百姓還會清晰記起當年在敦煌駐錫過的高僧（敦煌菩薩竺法護的仁慈，鳩摩羅什的雋雅，法顯的堅韌，還有譯經鉅子曇無讖那不可揣測的法力），人們看到一部部西域攜來的佛經是如何在敦煌城的譯場中被譯出，又是如何被東方與南方來的使者恭敬地攜回，轉而風行海內。敦煌及周邊地區的人才與學術資源對於日後北魏構建自身的文化脈絡非常關鍵。麥田的金波與渠水的銀浪交織縱橫，那些坐落在綠洲中的儒學殿堂，[1]那些聳立於村塢之間的寺院、佛塔，[2]那些穿過沙漠、在不斷升騰搖擺的熱浪中遠去的負經白馬，都還歷歷在目，如夢如幻地印證著前人對敦煌的解釋：「敦者，大也；煌者，盛也。」[3]

然而來到五世紀，對於敦煌而言，卻是一個充滿動盪與挑戰的百年。西元400年，漢代名將李廣的後裔李暠在敦煌建立了西涼政權，與北涼長期爭戰對峙，終在西元421年為北涼所滅。十八年後，西元439年，北魏太武帝拓跋燾的軍隊又兼併北涼，結束了十六國的混戰局面，一統北方。在這個政權頻繁更迭的過程中，敦煌作為河西重要的經濟文化中心的地位被嚴重削弱。由於之前遭遇了頑強的抵抗，北涼攻陷敦煌時，對敦煌全城進行了殘酷的屠戮；而北魏攻克北涼都城武威繼而向敦煌進發時，北涼守將又挾城中萬餘戶百姓背井離鄉、逃亡西域。[4]經過屠城重創與大遷徙的敦煌，在憔悴哀痛中已再難尋得從前那西域名城的氣象。

即使北魏的統一也沒能使敦煌恢復元氣。進入五世紀下半葉，西元460年之後，隨著柔然在西域勢力的逐步擴張，絲綢之路變得節節滯塞，柔然用了十年的時間，將原先臣屬於北魏的西域屬國逐次擊破。西元470年（大約正是莫高窟第254窟開鑿的上限時段），西域南端的最後一個北魏屬國，以盛產玉石而著稱的于闐，也面臨敵寇兵臨城下的危境。于闐國王

❶ 西元401年，西涼政權的領袖李暠於敦煌西門外起靖恭堂，以議朝政、閱武事，圖贊自古聖帝、明王、忠臣、孝子等，見《北史·李暠傳》；「西元404年1月，敦煌『又立泮宮，增高門學生五百人，起嘉納堂於後園，以圖贊所志』。」（《晉書·涼武昭王李玄盛傳附子士業傳》），見史葦湘編：〈敦煌莫高窟大事年表（一）〉，收錄於敦煌文物研究所編著：《中國石窟——敦煌莫高窟（卷一）》，第227頁，北京：文物出版社，2011年第2版。

❷ 「敦煌地接西域，道俗交得其舊式，村塢相屬，多有塔寺。」見《魏書·釋老志》，第3032頁，北京：中華書局，1974年。

❸ 對「敦煌」一詞的解釋見《漢書·地理志》〔唐〕顏師古注引〔東漢〕應劭的說法，也有學者認為「敦煌」之名可能是建郡前即居住於該地的少數民族所用稱謂的音譯。

❹ 北涼屠城事，見《晉書·涼武昭王李玄盛傳附子士業傳》，第2270-2271頁，北京：中華書局，1974年；北涼棄城事見《宋書·氐胡列傳》之〈大且渠蒙遜〉條，第2417頁，北京：中華書局，1974年。

的信使給北魏朝廷捎來了絕望的求救信，[1] 信上寫道：「西方諸國，今皆已屬蠕蠕（柔然）……遙望救援。」然而，于闐國王也許早就預料到，不會有援兵趕來救援。因為此刻的北魏帝國，面對柔然的進犯威脅早已焦頭爛額，自顧不暇。多年來，為了防備柔然軍隊的南下劫掠，每年秋、冬之際，北魏會集結精銳部隊分三路北上，在徹骨的風雪中熬過漫長的駐防，直到來年春天才能返回。[2] 這種極為牽扯兵力與財力的舉措，曾被提議以築城布防的方式替代，但可能由於缺乏策應、難以堅守的緣故，並沒有付諸實施。最終，面臨柔然威脅的于闐中斷了與北魏的往來，轉而依附柔然。而失去了西域屬國屏障的敦煌也開始直接暴露在柔然的鐵騎下，時刻面臨戰爭的危機。

從西元472年開始，在短短三年之內，柔然的騎兵就連續發動了四次對敦煌的圍困與突襲。[3] 捲地黑雲般的柔然騎兵們蜂擁而至，如雹的箭矢向敦煌城襲去……糟糕的情況還遠不止於此，與人禍結伴而至的是天災。史書記載了敦煌接踵而至的飢荒：西元479年夏，敦煌突如其來的大霜，使田中即將成熟的禾豆盡數凍死；西元481年，蝗蟲襲來，將敦煌百姓辛苦經營、賴以過冬的莊稼吃了個一乾二淨。[4]

不過，也正是這境況的困頓、戰亂的痛楚，帶給敦煌更深刻的生命體驗。曾經幸福寧靜、繁榮開放的敦煌進入了它至關重要的成長期，具備了一種在承平盛世所無法獲得的精神深度。五世紀初，敦煌的統治者曾宣稱：「敦煌郡大眾殷，制御西域，管轄萬里，為軍國之本。」[5] 數百年來西域與中原的往來交流、譯經講學，更塑造了一個底蘊富足、文化豐厚的敦煌，這種儲備使得敦煌擁有一種獨特的能力去對抗那正要吞噬一切的暗黑力量。

無常的戰爭狀態可能會使部分家族選擇前往更安定的地方，但在數百年經營家園的歷程中，這片土地與土地上的人深深地結合了起來。在高度依賴土地的

❶ 于闐的情況，參見《北史·西域傳》，第3210頁，北京：中華書局，1974年。

❷ 「延興元年（471），先是，魏每歲秋、冬發軍，三道並出，以備柔然，春中乃還。」見《資治通鑑·宋紀》，第4166頁，北京：中華書局，1956年。

❸ 史見《魏書·高祖紀》，第137、139、140頁，《魏書·尉古真傳附姪孫多侯傳》，第657-658頁，北京：中華書局，1974年。

❹ 「高祖太和三年（479）七月，……敦煌、仇池鎮並大霜，禾豆盡死。」見《魏書·靈征志上》，第2906頁。「高祖太和五年（481）七月，敦煌鎮蝗，秋稼略盡。」見《魏書·靈征志上》，2921頁。

❺ 這番話是西涼創建者李暠對其政治盟友東晉奉表時所言，參見《晉書·涼武昭王李玄盛傳附子士業傳》，第2262頁，北京：中華書局，1974年。

社會經濟條件下，大部分世族不會放棄世代經營的故土，因為離開自己的土地，田宅不可複售，舟車無從而得，提挈萬里，逾險浮深，家族的存在也就岌岌可危了。[1] 何況內地的局勢也並不樂觀，此時的黃河流域正處於氣候波動週期的寒冷乾燥期，此間各種嚴重的水旱蟲蝗等自然災害也連年不斷，疾疫與飢饉四處蔓延。[2] 因而較小家庭單位的百姓更不願背井離鄉去往內地，不願離祖墳、棄生業，淪為流民。他們對局勢有著自己的看法：身為游牧民族的柔然軍士對財產的要求遠遠大於對領土的要求，所以，只要堅守城池，挫其掠奪之鋒芒，就有可能長時間地保全家園。敦煌百姓們相信茫茫戈壁中的家園活力，並非僅由遙遠的雪山融水送來，而是因擁有才德與血性的人們的竭力護持才得以留存。因此，絕大多數敦煌百姓都寧願留守故土、拚死一戰。從史書的記載中可以看到，敦煌的數次保衛戰都打得很漂亮。例如有一次，曾擊退柔然三萬騎兵圍困的敦煌鎮將尉多侯外出南山狩獵，柔然軍隊趁機圍困了敦煌城以斷絕他的歸路，但多侯英勇無畏、且戰且進，終於衝入重圍中的敦煌城，旋即率領城中眾軍出戰，大破柔然軍隊。[3] 透過那許多以少勝多、以被動勝主動的戰例，我們似乎可以看到敦煌的良家子弟們身被槍矢、前赴後繼、扭轉一次次危局的身影。敦煌百姓鎮定、勇敢、富於奉獻精神的面貌躍然於簡短的史書記載之上。

歷史證明韓秀是對的，敦煌頑強地堅守了下來。隨著十多年後柔然勢力的衰落和北魏的整體反攻，敦煌度過了動盪不安的時期。爾後，隨著絲綢之路的再度繁榮，敦煌也恢復了它絲路重鎮的地位。五世紀下半葉，從西元460年柔然攻陷北魏的西域屬國高昌開始，以西元474年北魏朝廷廷議放棄敦煌為高峰，以西元492年北魏大破柔然為緩解，這段前後為期三十餘年身處危境的艱難歲月，為敦煌留下了刻骨銘心的印記。

❶ 北魏在西元485年與486年相繼實施的均田制與三長制便是對土地所有權及地方治理權的重新調整，在此之前，土地與地方政治資源大量集中在世家大族手中。

❷ 對此時段氣候變遷的研究，參見邵正坤：《北朝家庭形態研究》，第49頁，北京：科學出版社，2008年。

❸ 「蠕蠕部帥无盧真率三萬騎入塞圍（敦煌）鎮，多侯擊之走，以功進號征西大將軍。後多侯獵於南山，蠕蠕遣部帥度拔入圍敦煌，斷其還路。多侯且前且戰，遂衝圍而入。率眾出戰，大破之。」參見《魏書‧尉古真傳附姪孫多侯傳》，第657-658頁，北京：中華書局，1974年。

莫高窟的修建與禪觀

當五世紀下半葉敦煌局勢晦暗難明之際，在敦煌城東南25公里的莫高窟，佛教石窟開鑿已經有了百年的歷史。對於敦煌百姓而言，莫高窟是奇蹟的化身，是他們重要的精神寄託。一泓清泉劃開死寂的戈壁，為莫高窟帶來了生命的契機。這裡的靈性啟發了修行者。傳說中最早的開鑿者樂傳和尚便是在千佛之光的感召和指引之下來到這裡鑿窟禪修的，其後從者不絕，延續千年。

由於官方的尊崇，佛教的生死輪迴、因果報應等價值觀滲透到當時的整個社會生活習俗之中。[1] 那些石窟是實用的佛教修行與宣教的現場，曲折跌宕的佛經故事與莊嚴超然的繪畫雕塑是人們世俗與精神生活的重要組成部分。有所成就的高僧大德、彰顯賢明的地方政府、殷實富足的世家大族、虔誠篤信的佛教社團、生活顛沛的往來商旅，都希望在此地鐫刻一處窟龕，以期積累功德，寄託心願。

借助史書文獻，我們可以編織出一幅幅生動鮮活

[1] 在大量的普通民眾的發願文中，都透露出當時信徒的普遍價值觀，例如認為生值末世，願死後面見彌勒等。參見饒宗頤主編，王素、李方著：《魏晉南北朝敦煌文獻編年》，臺北：新文豐出版公司，1997年。

莫高窟出土的北魏刺繡，其中僧人、貴族列隊持花供養的圖像，表明他們協作供佛（敦煌研究院藏）

的佛教信眾參加佛事活動的畫面。每逢佛教節日，敦煌十里八鄉的信眾們紛紛湧向莫高窟，到各個洞窟中去燃燈禮拜、繞塔觀像、祈福發願、聆聽講經說法。信徒們無論官階、貧富，都是佛門弟子，他們結成各種社邑組織，在佛事活動中共同參與。在此過程中，各階層的民眾彼此溝通協作，在慈悲的佛陀前接受教誨。[1] 有的信眾在節日前便提早住在

[1] 對於當時佛教活動的社會意義，謝和耐先生指出「佛教的社會活動極大程度上把中國社會各階層包含了進來，聯繫了起來」「由共同的節日，彙集了和尚、有權勢的門戶和平民百姓的宗教社邑才導致了各對立階級之間的統一」。參見謝和耐著，耿昇譯：《中國五—十世紀的寺院經濟》，第368頁，蘭州：甘肅人民出版社，1987年。

董希文先生繪製的莫高窟全景圖（局部）

254窟

莫高窟前的寺院裡，更多的信眾則是活動當日一大早相約從黨河邊的敦煌城出發，要一直朝東走上三個時辰，才能趕到莫高窟去禮佛。一路上，不斷變亮的天色告訴他們已經越來越接近目的地。每當朝陽升起，藍紫相間的天空變得像商隊翻越帕米爾高原所帶來的青金石顏料，便可遠望見那綿延1700餘尺，高30餘尺的莫高窟崖壁，它被陽光照得金燦燦的，上面有棧道蜿蜒，洞窟星列其間。這些洞窟，正是由敦煌的軍政要員、世家大族、佛教寺院、信徒社群和工匠團隊共同修建開鑿，一般由供養人發願出資，僧人規劃設計，工匠們施工建造，每處石窟從選址到主題內容事先都經過了嚴密的構思和整體設計，因此也很具體地寄託著不同的洞窟開鑿者的祈福與心願。信眾們進入石窟，不僅舉行公眾活動、瞻仰禮拜，還要進行一項特別的修行——禪觀，即修行者在虔誠與寧靜的心態下，透過觀看諸佛、菩薩的影像，努力在心靈中顯現出莊嚴相好、光芒無限的佛的法身，在內心構建佛的形象，借此獲得加持、消滅罪業。北魏時期，這一「觀像」與「想像」合一、透過外在觀看而回歸內心映現的過程被視為禪修的不二法門。[1]

我們將要深入觀覽的第254窟正是北魏時期一座最有代表性的禪修窟。它不像後世那些僅僅為王公貴族積累福報、做功德而修建的世族大窟，雖然窟內空間寬敞宏闊，繪塑裝飾富麗堂皇，但長長的甬道使得從門進入的自然光十分黯淡，即使有燈燭之光，窟內的高處也十分昏暗，所繪的圖像幾乎都隱而不見，這表明在那些大型石窟的修建者心目中，窟內畫像是否能滿足信眾的觀看似乎不是重點。[2] 而254窟開敞的窟門和東面距地面2公尺多高的明窗，可以使充足的光線照進前室，十分明亮，有助於進到窟內的修行者看清繪於四壁的故事畫和佛像，增強「觀像」過程的感染力。[3] 洞窟中間部分醒目的中心塔柱也被認為與佛教禪觀修行密切相關，[4] 它將石窟區分為前室和後

❶ 參見高田修著，高橋宣治、楊美莉合譯：《佛像的起源（附論）》，第587-599頁，《觀佛、觀像和造像》，世界佛學名著譯叢，臺北：華宇出版社。

❷ 例如晚唐第85窟、五代第61窟等。

❸ 對於宗教繪畫，其繪製目的應與觀看條件有一定聯結，不利於觀瞻的條件往往表示此宗教繪畫並非特意為觀者觀看所繪，而是帶有宗教奉獻、積累功德性質的作品。見巫鴻先生對於此問題的討論，巫鴻著，鄭岩等譯：《禮儀中的美術》，第363-364頁；《何為變相》，北京：生活・讀書・新知三聯書店，2005年。李永寧、蔡偉堂先生亦在其文〈「降魔變文」與敦煌壁畫中的「勞度叉鬥聖變」〉中指出了觀看條件對圖像功能的決定作用，收入《1983年全國敦煌學術討論會文集・石窟藝術編》上冊，第187-188頁，蘭州：甘肅人民出版社，1985年。

❹ 參見湯用彤：《漢魏兩晉南北朝佛教史》，第14章〈佛教之北統〉，及第558-559頁，北京：北京大學出版社，1997年。

254 窟空間示意圖

室兩個功能空間，前室是信眾們禮拜佛像、聚集聽法的地方，後室以及兩側的甬道則是供信眾們繞窟巡禮與觀像之用。當年前來禮拜的信眾，入窟後會首先禮拜中心柱前的主尊塑像，依循佛經的教導，他們要精心地維護洞窟的潔淨，透過燃香或散花來供佛，如雨的花瓣在佛的尊像前紛飛，燃燈和香燭跳動的火焰映亮了佛像金身的輪廓。這些外在的禮儀固然重要，但那些無力負擔供養的信眾也無礙修行，虔敬的心才是關鍵所在。接下來，他們要從中心塔柱的左側開始，圍繞塔柱順時針方向觀覽一周，中心柱四面與洞窟牆壁的佛像雕塑、壁畫逐一映入眼簾，這些圖像依照一定的次序組合起來，傳達著特定的象徵意義。繞行結束後，信眾們會再次回到前室，仔細地觀看前室所繪製的佛教故事畫。在整個過程中，可能會有一位資深的修行導師，例如僧人，來為大家介紹如何解讀這些畫面，如何在這些圖像中「觀」到佛的種種莊嚴形態，如何從故事畫面中了解到釋迦前世今生的因緣事蹟。最後，當「觀像」已經充分，

（右頁圖）
254窟的中心塔柱，整窟的藍色色調

整個禮佛過程也進入了最重要的階段，信眾們齊整衣服，盤腿打坐，集中意念，開始在心目中透過「觀想」構建金色完滿、具有種種相好的佛的真容，所見越真切，對其生命的提升越有助益。不少人經過此番身心滌蕩，進而「五體投地，泣淚像前」，[1]對佛教義理產生了更深切的認知和了解。根據考古學家的研究，254窟開鑿於西元465-500年之間，[2]這意味著，254窟的創建者見證了我們前文所述敦煌歷史上那段最為艱難的時期。在這長達數十年艱苦卓絕的動盪戰局中，佛教以其所強調的無畏布施、鎮定堅韌、犧牲奉獻、守護正念、驅魔降惡等超越凡俗的信仰力量，為敦煌各階層提供了重要的公共精神資源。史書留下了這樣一條記載：西元424年之前，一位西域的高僧來到了敦煌。彼時的敦煌，可能剛經歷過北涼征伐的戰火。他開闢了苑囿百畝，種植了上千株柰樹，將道場裝飾得非常莊嚴潔淨。[3]新發的綠枝搖曳在敦煌的土地上，重啟人們對生命的思考與希望。在他的講道場裡，簇擁了許多新增的信眾。也正是在此時代，圍繞涼州形成了北方的譯經中心。在254窟開鑿的半個多世紀前，譯經大師曇無讖在敦煌與姑臧（今武威）翻譯了《大般涅槃經》等眾多影響深遠的佛經。[4]254窟中的重要壁畫〈捨身飼虎〉所依據的底本《金光明經》也是在此期間譯出，這部經典據信有衛護國家、懺悔過業的功能，能夠對抗戰爭、飢饉、匱乏等一切不理想狀況，因而世代流傳、備受推崇。佛教所宣稱的眾生平等的佛性與在危機中「護世、護法、護國」的理想，安定社會民心的教義，[5]對身處亂世、飽經磨難的人們產生了深刻的影響。

假如254窟能夠講述她的記憶，那麼我們眼前可能會浮現出這樣的場景：那些組織營建這座石窟的團體——官方機構、僧團、信徒社邑和匠師們，在歷經戰亂與天災的重創、發願開鑿石窟以求得福報時投入

❶ 一整套的觀想與禪修的儀式，可參見《觀佛三昧海經》卷9〈觀像品〉，〔東晉〕佛陀跋陀羅譯：《新修大正大藏經第十五卷經集部二》，東京：大藏出版株式會社，1934年。

❷ 對於254窟的開鑿年代，參見樊錦詩、蔡偉堂、黃文昆編著：《敦煌石窟全集》第1卷，《莫高窟第266-275窟考古報告》，北京：文物出版社，2011年；阿部賢次先生認為其開鑿於公元470-490年之間，參見Abe, Stanley Kenji（阿部賢次），“Mogao Cave 254: A Case Study in Early Chinese Buddhist Art”, UC Berkeley PH.D dissertation, 1989；宿白先生認為敦煌處於急迫的戰爭條件下，像254窟這樣的洞窟，可能開鑿於西元480年之後，見宿白：《中國石窟寺研究》，第242頁；《兩漢魏晉南北朝時期的敦煌》，北京：文物出版社，1996年。綜合而言，254窟建造年代的上下限都與敦煌這段跌宕的歷史時段相疊映。

❸《高僧傳》，第121頁，〈宋上定林寺曇摩蜜多〉，北京：中華書局，1992年。

❹ 參見湯用彤：《漢魏兩晉南北朝佛教史》，第277頁，北京：北京大學出版社，1997年。

❺ 在吐蕃進攻及占領敦煌期間，再譯版本的《金光明最勝王經》更是十分流行。原因也在於據信它有衛護國家、懺悔過業的功能，能夠對抗戰爭、飢饉、匱乏。參見沙武田：〈《金光明最勝王經變》在敦煌吐蕃期洞窟首次出現的原因〉，收入《敦煌歸義軍史專題研究四編》，第632-633頁，西安：三秦出版社，2009年。

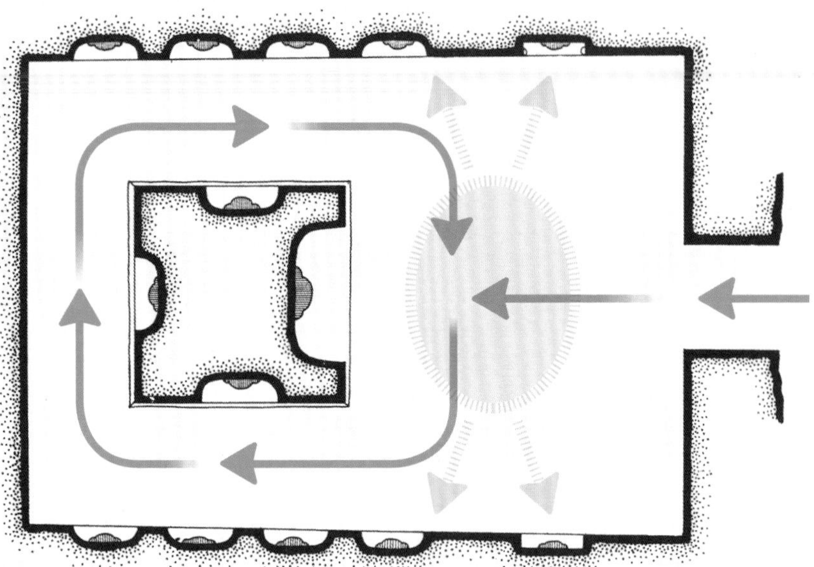

254窟俯視圖，信眾在其中
活動的區域與路線圖

首先繞佛巡禮

然後細觀故事畫及尊像，禪觀修行

100 0 100 200cm

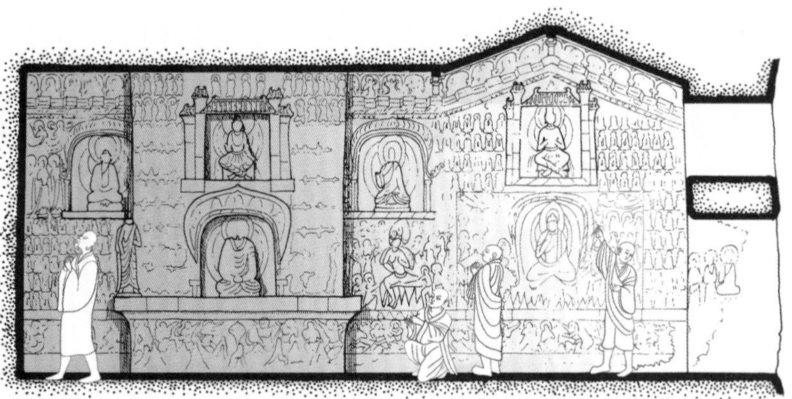

254窟的立面圖中光照的範圍，與觀眾
觀看此壁畫的位置與視角

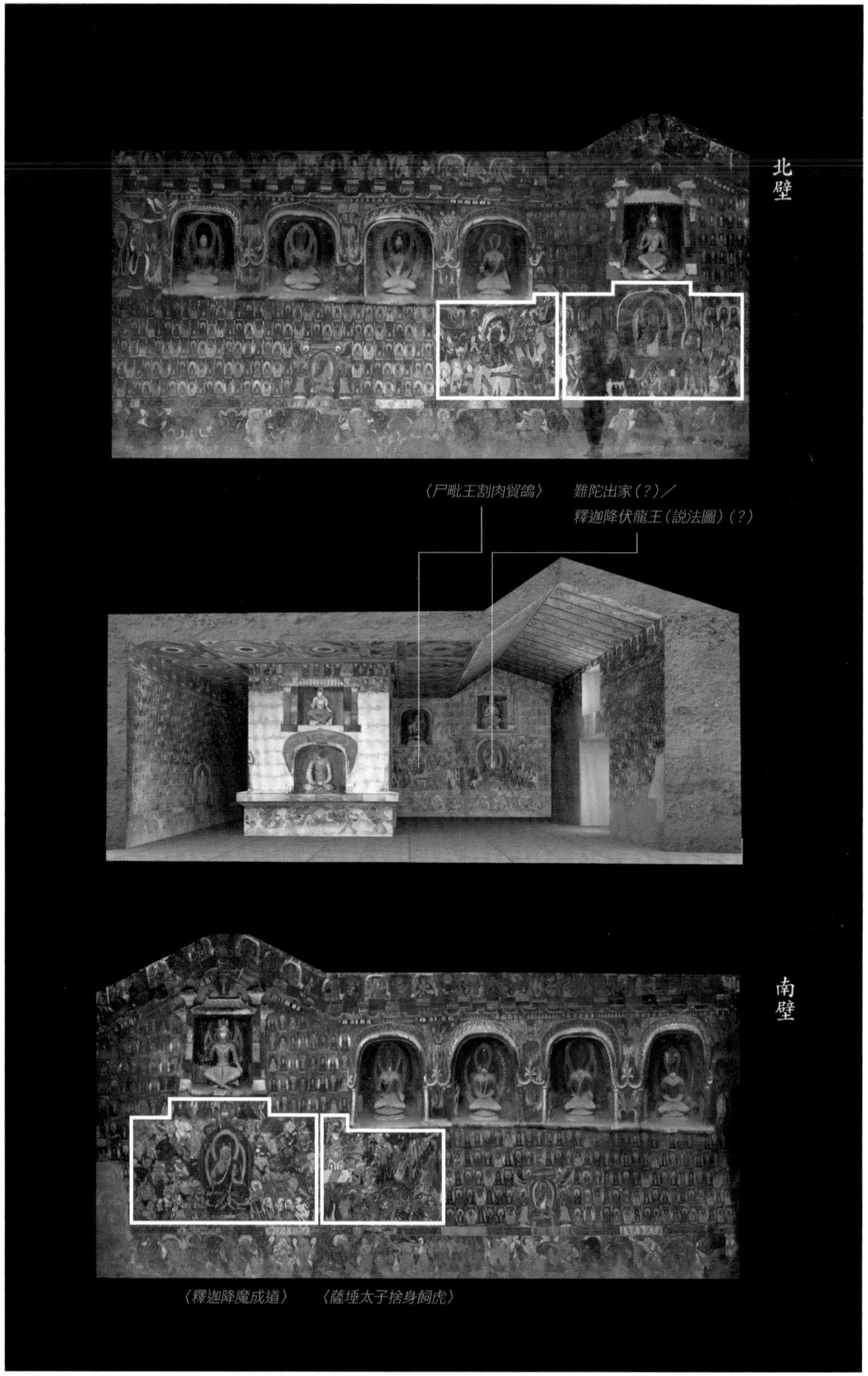

北壁
〈尸毗王割肉貿鴿〉
難陀出家（?）／
釋迦降伏龍王（說法圖）（?）
南壁
〈釋迦降魔成道〉
〈薩埵太子捨身飼虎〉

張大千臨摹254窟捨身飼虎圖的版畫

了無比的虔誠，他們將呼喚犧牲和奉獻、讚美從容與鎮定、企盼永久光明與和平的願望都投射到洞窟的設計以及題材的選擇上，使得出離世間利害的佛教石窟具有了特定的現實指向。[1] 而那些來到莫高窟禮拜的大眾，或許是趕赴沙場前特地來做訣別的瞻禮，或許是為上至國家、下至子孫的前途祈福。也許他們匆匆拜別，無暇按經典要求來完成禮佛與禪觀的儀軌，但他們張大眼睛似乎要牢牢記下諸位佛陀菩薩們凝視他們的面容，以及那些繪製在壁畫中的故事——佛陀如何在生生世世中竭力衛護眾生，幫助眾生度過眼下的艱難困頓。

儘管我們永遠無法如實地還原歷史，但當大致了解到開鑿石窟對於佛教信眾的意義，以及當時人們在石窟中的禮拜修行方式，並且聯想到宗教藝術活動有可能參與了敦煌軍民對抗天災人禍的鬥爭，意識到整窟的圖像主題與那場發生在北魏時期的危機可能具有某種潛在的呼應，那麼對於今天的觀眾來說，古老的254窟便具有了更加豐富而開闊的意蘊。

下面的章節，讓我們暫且擱置這些宏闊的議題，像古人一樣定下心來從「觀像」開始，近距離地去觀看一鋪具體的壁畫，理解這鋪經典壁畫表達的含義並欣賞它的動人之處。

[1] 莫高窟壁畫的許多題材被學者認為與當時的社會現實背景有關聯，如西魏285窟的五百強盜成佛圖與西魏河西的動盪有關，北魏257窟的沙彌守戒自殺圖與當時佛教僧團的戒律弛壞有關，盛唐148窟的涅槃題材與當時抵抗吐蕃入侵有關聯等等，參見史葦湘：〈敦煌佛教藝術是反映歷史現實的一種形式〉，收入《敦煌歷史與莫高窟藝術研究》，第404-408頁，蘭州：甘肅教育出版社，2002年。

* 關於254窟的研究文獻主要有：Abe, Stanley Kenj i（阿部賢次），"Mogao Cave 254: A Case Study in Early Chinese Buddhist Art"（UC Berkeley PH.D dissertation, 1989）；寧強、胡同慶〈敦煌莫高窟第254窟千佛畫研究〉（《敦煌研究》1985年第4期）；王平先〈莫高窟北朝時期的降魔變初探〉（《敦煌研究》2007年第6期）；陳明〈論敦煌北魏石窟藝術成就的歷史背景〉（《敦煌學輯刊》2015年第3期）；王惠民〈執雀外道非婆藪仙辨〉（《敦煌研究》2010年第1期）；王惠民〈敦煌早期洞窟佛像的卍字相與如來心相〉（《敦煌研究》2012年第4期）；濱田瑞美〈關於敦煌莫高窟的白衣佛〉（日本《佛教藝術》第367號，2003年3月，牛源譯文載《敦煌研究》2004年第4期）；濱田瑞美〈敦煌莫高窟第254窟北壁說法圖考〉（日本《美術史》第158號，2005年3月，林保堯譯文載《藝術學》第27輯，2011年），以及《敦煌石窟藝術·莫高窟第254窟》（南京：江蘇美術出版社，1995年）。

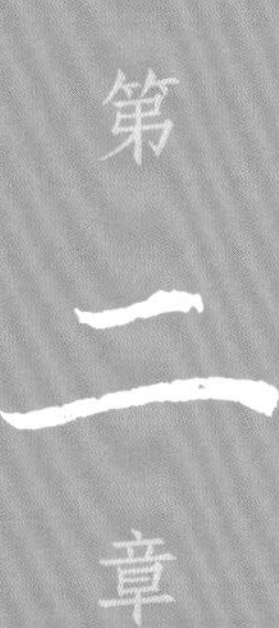

南壁

薩埵太子捨身飼虎

隨著畫面之「勢」的運行，觀者在這鋪強調犧牲奉獻的壁畫中，會感受到一種堅毅、優雅、哀而不傷又復歸於振奮的氣息。

〈薩埵太子捨身飼虎〉在254窟南壁中的位置

走進254窟，觀眾視線很快會為南壁中下段的一鋪故事壁畫所吸引，它正處於中心塔柱的左側，繞塔觀像的路線即從此處開始。壁畫的高度適中，畫幅寬168公分，高約150公分，底部距地面90公分，總面積約有0.75坪，光照條件良好，一個成年觀眾平視即可看清全幅。不過，就像理清一團線球首先需要找到它的線頭，對於不熟悉的觀眾來說，第一步要做的，是從紛繁的壁面裝飾中將這幅畫區分出來。

從254窟南壁的平面圖可以看出，這鋪壁畫位於塑有雕像的列龕與一條長長的底部裝飾帶之間，但它的輪廓並不是一個規則的四方形，而是順應石窟建築形制，在左上角有一小塊矩形凸起。右側往後室方向繪滿千佛，左側則與另一幅故事壁畫銜接。為了向更多的信眾闡明教義，佛教的傳播者將很多佛教經典中的故事轉化為具體的形象繪製到壁面上，常見的有表現佛前生無數次轉世修行的「本生故事」，表現釋迦牟尼作為迦毗羅衛國王子出生、悟道、成佛、涅槃一生經歷的「佛傳故事」，以及表現佛門弟子、善男信女和釋迦牟尼度化眾生的「因緣故事」等。在古代的信眾入窟觀瞻之前，他們對這些故事大多耳熟能詳，只需幾個關鍵情節的提示，便可明瞭每鋪壁畫所要表達的主題。

（右頁圖）
〈薩埵太子捨身飼虎〉全圖

2—2
2—1
3—2

捨身飼虎的故事與圖像

我們主要解讀的這鋪壁畫——〈薩埵太子捨身飼虎〉描繪的是釋迦牟尼佛前世的事蹟，因而被稱為佛本生故事（Jataka），它講述了一位名叫薩埵的王子，如何犧牲自己的生命來拯救一群飢餓瀕死的老虎，以慈悲奉獻的行動積累了後世成佛的因緣。這個故事流傳廣泛，還存有梵語版本。[1]最遲在大約五世紀上半葉，便從西域傳入漢文化圈，見諸漢文的佛教經典。下面讓我們依據北涼時期曇無讖譯的《金光明經》對故事文本有一個完整的了解，[2]之所以選擇這部經典，是因為它距壁畫繪製的時代最近，是早於254窟大約半個世紀在涼州地區被翻譯出來的，影響深遠。

在《金光明經・捨身品第十七》中，捨身飼虎的故事以倒敘的方式展開：

> 一日，釋迦牟尼佛在法會上應大眾的邀請，展演他成佛前的慈悲因緣。於是，隨著一座佛塔從地湧出，一段往昔的故事逐漸浮現：久遠之前有一個國王，依善法治國得當，因而沒有怨敵，國家富饒安定，國王的三位王子皆以氣概與德行垂範於世。其中最年少的小王子名叫摩訶薩埵（Mahā-sauva）。這個名字中的Mahā意為廣大，sauva意為眾生，有心繫一切有情眾生的意味，這位小王子的命名似乎預示了他極不尋常的人生之路。一次，三位王子到山中遊玩，在一陣強烈不安的預感之後，他們見到了一隻母虎。母虎生下七隻虎崽已經七日了，由於無法覓食，身體羸瘦，若再為飢餓所迫，恐要食幼崽果腹。三位王子想幫助牠們，但老虎唯食新鮮血肉，他們卻無從及時得到，唯一可行的是馬上捨出肉身。王子們心懷憂愁，目不

[1] 關於此本生故事的版本與包含的佛教思想演變的線索研究，可參見郭良：〈「投身飼虎本生」梵漢比照〉，載於《南亞研究》2002年第1期，第65-68頁。

[2] 見〔北涼〕曇無讖譯：《金光明經・捨身品第十七》。捨身飼虎的故事還見於《賢愚經》等其他幾部佛經。賀世哲先生指出了捨身飼虎的發生地與截至北朝時期的流布情況，見賀世哲：〈薩埵太子本生圖〉，收錄於《敦煌圖像研究：十六國北朝卷》，第5章，蘭州：甘肅教育出版社，2006年。

暫捨。薩埵的兩位兄長慨嘆自己缺乏大悲心與智慧，故而無法捨出自己的肉身來救眾虎。此時，薩埵暗自思量，在生生世世的生死輪轉中，儘管每個人對自己的肉身都愛護不懈、極力維護，經營房宅以安身，用衣服、飲食、行住坐臥與醫藥等一切條件加以供給，使其毫無匱乏，但最終還是難免速朽敗壞、無所利益。薩埵用一種強烈的「不淨觀」❶ 來審視自己的肉身構造，看到這肉身充滿了疾病之恐怖，唯由不淨之物構成，像水上的泡沫一樣毫不可靠，又如一個恩將仇報的怨賊一樣將生命的覺悟之路引入歧途。而他在久遠的生死輪迴中，又曾多少次毫無意義地唐捐生命，為了貪欲、嗔恨或是愚痴，但卻從未有一次是為了慈悲和解脫的事業。今天的境況恰是一個播種福田的良好機遇，如果能捨此難捨之肉身，便可積累善業的資糧，就像在茫無涯際的生死大海中建造了一座橋梁，能夠最終證悟佛道，獲得真正圓滿莊嚴、永無變異之憂的微妙法身，進而幫助眾生擺脫生死輪迴的憂患，獲得佛法安樂。❷ 於是，下定決心的薩埵支走了兩位王兄，怕他們因為畏懼而阻攔，然後發下利益一切眾生的誓言，準備捨身飼虎來開啟成佛的關鍵一步，以在未來拯救眾生。於是，薩埵俯身躺在老虎面前，可是，薩埵慈悲心所透射出的力量使得虛弱至極的老虎們竟無力下口。見此情景，薩埵登上山崖，用竹枝刺破喉嚨，再縱身跳下。老虎們舔食了薩埵的血，慢慢有了體力，又將薩埵的肉身分食，終於恢復了生命力。天地都為薩埵的慈悲所震動，薩埵的兄弟感到異常，立刻返回，見到滿地骨骸，悲哭昏厥，撲倒在地。國王與王后也聞訊趕來，悲痛欲絕。此刻，薩埵又由遍地骨骸化為完整的肉身，在母親懷中如同睡著一樣安詳。侍從們潑灑清水令暈倒者甦醒，眾人逐漸出離了悲慟，為薩埵建造了一座白塔，將他的骨骸收入塔內供奉禮拜，以紀念他的慈悲功德。在故事的結尾，釋迦點出，薩埵即是釋迦的前世，正是在生生世世的歷程中，這種種的慈悲願力與救護眾生的行動，成為他最終悟道成佛的基石。

❶ 「不淨觀」是佛教修行思路的一種，將肉身的美好嬌妍看作暫時表相，而強調想像其內在實質的無常與變異，以幫助息止人對肉體的執著貪欲與妄念。

❷ 這種表述呼應了曇無讖在同時期翻譯的《大般涅槃經》中關於成佛目的、意義的表述，在那時代應是一種佛教理論在漢地譯介的創造性發展。

捨身飼虎的格狀結構與其五部分內容

在多部佛經中，這個故事雖然彼此細節有所區別，但薩埵義無反顧的慈悲精神和對佛法的摯誠追求作為捨身飼虎故事的核心，令人印象深刻。薩埵在第一次以身飼虎的時候，由於慈悲之力的震懾和老虎自身的虛弱，老虎竟然無法下嘴去咬薩埵。這段描寫尤其令人動容。按說，有此發心和結果，薩埵足可認為自己已經盡力，不必再以生命奉獻，孰料薩埵竟然以竹枝刺頸出血，從高處跳下，[1] 撲倒在虎前，讓老虎先舔舐他的血得以恢復氣力後再來啖食。在佛的本生故事中，雖有不少為拯救眾生而犧牲奉獻的事蹟，但對比之下，捨身飼虎這種決絕的生命奉獻尤為突出，被後世信眾認為最能彰顯佛的慈悲奉獻精神，因而在佛教的歷史中占有重要地位。

對照254窟的〈薩埵太子捨身飼虎〉，我們會發現這鋪壁畫從經文中選取了發願救虎、刺頸跳崖、虎食薩埵、親人悲悼、起塔供養五個情節，對故事進行了完整表現。畫師將三處情節安排在畫面上方，兩處在下方，

[1] 在《賢愚經》和《菩薩投身飴餓虎起塔因緣經》中，沒有描寫薩埵從高處跳下的情節。這也是判斷捨身飼虎圖像所據經典類型的重要依據。

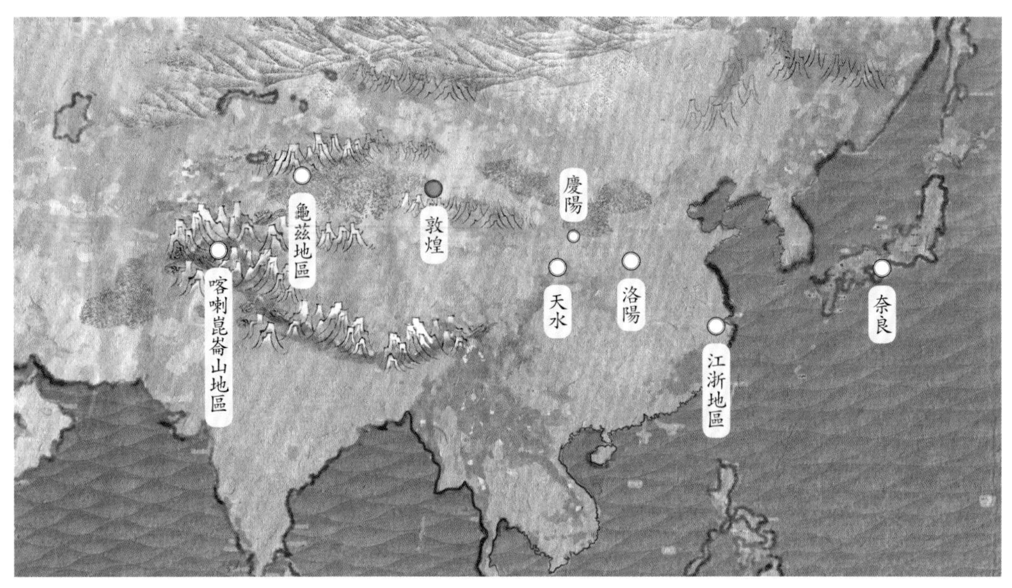

捨身飼虎圖像在五－十世紀之間的分布地域

並利用人物的體態來加以間隔與聯結。儘管觀眾站在這鋪壁畫前的第一印象是繁密複雜：不到0.9坪的畫面中繪有二十個人物、若干隻動物、大片的山巒和一座高聳的白塔，人物尺寸差別不大，各情節之間沒有明顯的空間層次，也沒有明確界線，難免會有擁塞繁密之感，但是，只要熟悉了捨身飼虎的故事內容，便不難將幾個關鍵場面分辨出來，例如跳崖的薩埵、啖食的老虎、哀悼的親人、豎立的白塔等，由此將整個故事勾連起來。

在佛教藝術中，像這樣把一個佛經故事轉化成一幅畫面或者一件雕刻的例子很多，但是在不同時代、地區以及畫師手裡，對於同一個故事卻有千差萬別的表現方式。作為佛教美術史中最富生命力的故事題材之一，捨身飼虎的圖像分布廣泛，沿著絲路，跨越千山萬水，從西域地區的龜茲石窟，到漢文化圈的敦煌、麥積山、洛陽、江浙地區，甚至遠到日本奈良，都有發現。

早期的圖像通常比較簡單，只選擇單個場面，概要表現薩埵捨身飼虎的決定性瞬間，典型的如印度西北地方與龜茲地區[1]的捨身飼虎圖，每幅畫面積有限，情節表現也受到方形或菱形格圖案的限制。儘管

❶ 龜茲石窟就開鑿於古龜茲國的境內，在今天的新疆庫車縣一帶，包括克孜爾石窟、庫木吐喇石窟、森木塞姆石窟等六處主要石窟以及數處小石窟。克孜爾石窟群無明確紀年，但據種種因素，學者們普遍認為這些石窟藝術的肇始早於內地，見宿白：〈克孜爾部分洞窟階段劃分與年代等問題的初步探索〉，收入《中國石窟：克孜爾石窟》，北京：文物出版社，1989年；馬世長：〈克孜爾中心柱窟主室券頂與後室的壁畫〉，收入《中國佛教石窟考古文集》，新竹：覺風佛教藝術基金會，2001年。

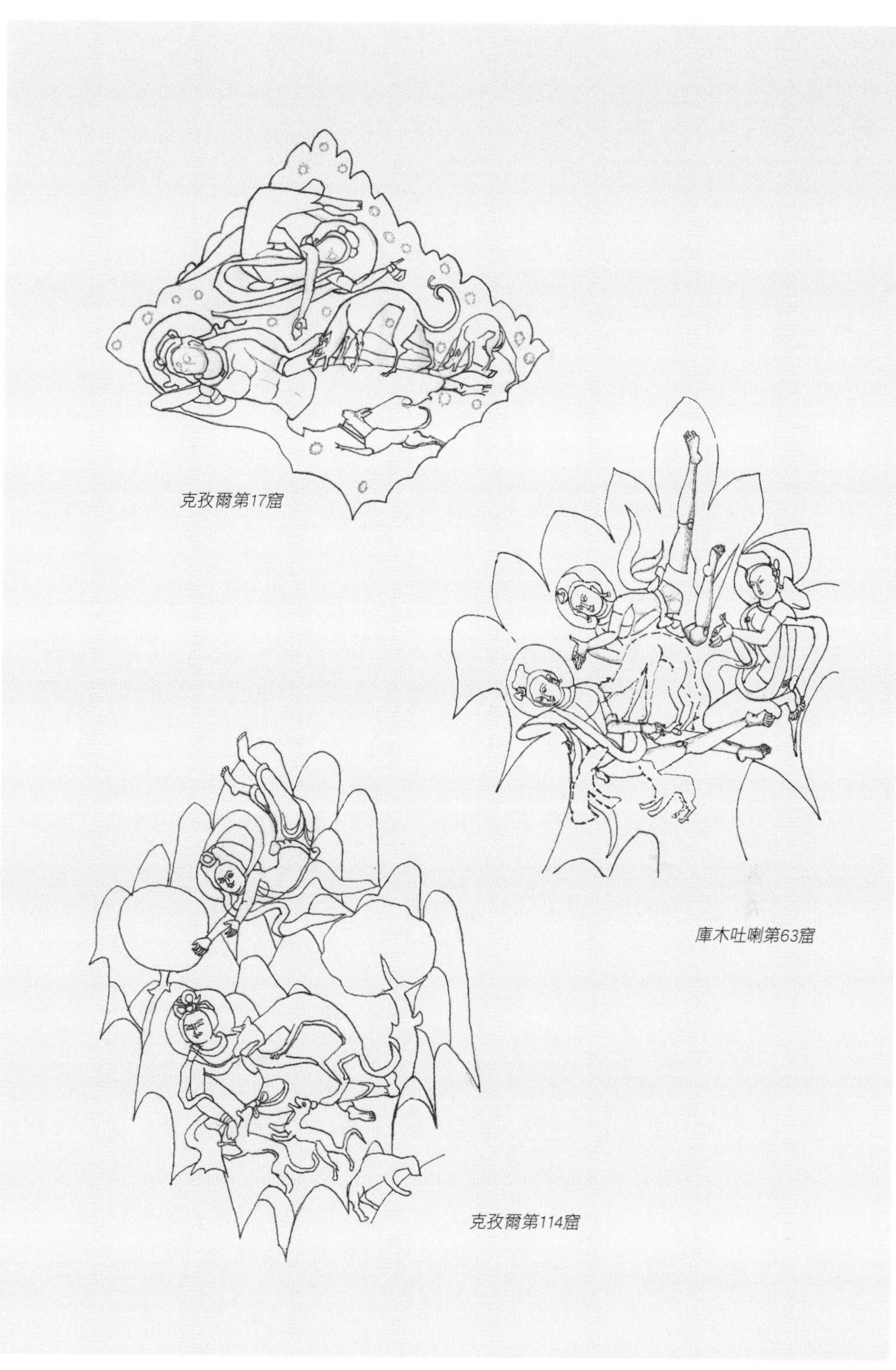

克孜爾第17窟

庫木吐喇第63窟

克孜爾第114窟

龍門石窟賓陽中洞的捨身飼虎圖（北魏），畫面的情節較為簡略，隨著構圖橫向展開，山崖上薩埵雙手合十躍下，踞坐於虎前，旁邊站立著薩埵的眷屬或臣僚

構圖非常簡明，但對薩埵捨身的著重表現，已成為這個故事的圖像母題，為後來的畫師或彰或隱地採用，數百年綿延不斷。

後來，隨著佛教向中原的傳播，佛教繪畫、造像也更多融入了漢地藝術的造型傳統，尤其在故事畫的表現上，開始借鑑卷軸畫的形式，將情節按照先後順序，一段一段地布陳於畫面。內地佛教石窟多採用此種構圖，龍門石窟賓陽中洞的捨身飼虎圖即為一例，這鋪面積頗大的石刻浮雕雖惜遭盜鑿，但從遺痕線描中仍可看出，畫面整體構於一條明晰的水平基線之上，觀者的目光沿這條基線展開。山間林木秀麗蔥郁，布滿整個畫面，右角的高大樹木間還掛著薩埵捨身前脫下的衣服，旁邊兩個站立的人，可能是薩埵的親眷或臣僚，他們相顧而言，視線和手姿將畫面的重點引向中央的飼虎場面。薩埵已在山頂合十發願，復又（跳落）踞坐於山崖下的眾虎之前，雖然對薩埵捨身過程的表現蘊含著西域的圖像母題傳統，但畫面整體卷軸式的展開方式卻迴異地呈現出典型的本土藝術特色。

莫高窟保存有最為豐富的捨身飼虎圖像遺存，自北魏到五代、宋[1] 都有此題材的壁畫，共計有十餘鋪之多。[2] 它們大多受到中原地區卷軸式構圖的影響，結合洞窟建築形制又表現得更加豐富化。例如北周428窟的捨身飼虎圖，該圖繪於人字披頂，畫面分為三欄，從右上角三位王子辭別父母出行的場面開始，呈「S」形

❶ 莫高窟初、盛唐時期的壁畫遺存中未見捨身飼虎的故事。

❷ 上原和先生對唐、五代、宋時期敦煌的捨身飼虎圖像的分布與文本依據給予了細緻的考察。〔日〕上原和：《玉蟲廚子——飛鳥白鳳美術樣式史論》，東京：吉川弘文館，1991年。

莫高窟第428窟捨身飼虎圖（北周）

轉折而下，直到畫面最下面一欄結束。[1] 整幅畫面的情節相當完備，比龍門石窟要多出許多場面。人物的行動被分隔布置在群山之間，如同放入一個個獨立的舞臺，借助三條相當清晰的分欄線，觀者可以從容欣賞這齣「多幕劇」。

在這些圖像遺存中，254窟是敦煌現存時代最早的一鋪捨身飼虎圖，但它也是一個特例，與其他圖像皆不相似，儘管吸收了被反覆表現的圖像母題，但處理方式卻不像一般故事畫那樣空間明晰、簡明易懂，無論在單幅或卷軸式畫面中都清晰可辨的情節內容被密集組合在一起。換句話說，這幅畫也更考驗觀者的「觀看」能力。回溯到北魏時代，在當時所盛行的禪觀修行中，信眾們要充分運用「眼睛加心靈」，才能透過觀看佛的種種形象、事蹟獲得真切的感動，以促進修行。觀看這樣一鋪畫無疑是一次對修行者「心目」、「慧眼」的有益鍛鍊。

或許，254窟捨身飼虎的畫師主動為自己設了一道難題，他並不想簡單地將畫面用作宣講故事的載體，或僅僅當成積累功德的符號，而是希望觀者的目光在畫面中經歷找尋、判斷和曲折的遊走，從而生發出更豐富的精神體驗，到達更深層次的覺悟維度。接下來，我們將具體分析這鋪壁畫如何把深刻的精神意蘊與複雜的表現技巧結合起來，看它如何把所要傳達的主旨意涵鮮明有力地呈現在觀者眼前。

[1] 428窟捨身飼虎圖，畫面左下角的兩個場面是附帶繪入的其他故事，與〈捨身飼虎〉無關。

局部一：發願救虎

當觀者立於這鋪壁畫前，視線的起點是位於畫面中上方站在萬仞山間的三位王子。中間那位將右手高高舉起，就是發願要拯救老虎們的薩埵太子，他的頭慈憫地微微垂下，注視著畫面下方飢餓的群虎。他的身姿優雅、舒展，具有一種非凡的氣度和感召力。而身邊的兩位王兄，身姿欹側柔美，飄帶環繞飛揚，與薩埵的垂直動態交相呼應，更襯托了其堅毅捨身的崇高之美。

對天發願

薩埵身邊的兩位王兄，交錯呼應，襯托了薩埵發願的崇高之美

薩埵發願的姿態令人印象深刻，在他宣誓要以生命拯救眾虎的同時，也意味著他決心透過布施獲得最終的覺悟與解脫，這一表現在現存的其他捨身飼虎圖像中是絕無僅有的。例如敦煌北周時期的第428窟，三位王子以一種閒散的姿態在俯觀飢餓的虎群，而隨後在山崖上準備跳下的薩埵，也只是一個匆匆的過程，沒有對薩埵精神狀態與意志的描繪。

透過與其他圖像的對比可以看到，在這個題材的圖像史中，254窟的捨身飼虎圖對精神力量的塑造相當突出。

除了薩埵高舉的手臂，薩埵身邊站立的兩位王兄的姿態，也為畫面的精神表現增色不少。經文中描寫了兩位王兄在山林中忽然感到一種強烈的恐懼與憂慮，他們預感到生命將有徹骨哀痛，只有薩埵是從容進入山谷的，而後便有了薩埵發願的一幕。在畫面表現上，薩埵左邊的王兄仰頭望著薩埵舉起的手，吃驚地將手指按在嘴邊；右邊的王兄則俯下頭看著下方的老虎，一手去拉薩埵的胳膊，如在挽留。經文中描述，兩位王兄對眾虎的困境深表關注，也都意識到捨出己身是拯救老虎的唯一辦法，但終因性命攸關而顯得猶疑驚惶。在畫面的人物造型上，兩位王兄被塑造為傾斜肩膀和彎腰的姿態，身體主要為曲線而不是垂直線，重心向一側偏出，與薩埵舒展挺拔、從容鎮定的姿態形成對比。[1] 王兄們的俯仰之姿襯托出薩埵對生命意義的洞察，更突顯了舉手發願的薩埵所具有的崇高之美。

[1] 顧愷之曾評價衛協所畫的七佛圖「偉而有情勢」，實指七佛之間相互呼應、顧盼，共同形成一種生動與力量感。參見〔唐〕張彥遠：《歷代名畫記》，第108-116頁，北京：人民美術出版社，1983年。而薩埵三兄弟間的姿態安排，也具有「有情勢」的特質。

莫高窟第428窟（北周），三位王子在山間或坐或臥觀虎。隨後的跳崖場景，也並未出現薩埵發願的場面，每個人物都沒有足夠舒展開來，畫面在一種鬆弛散漫的氛圍中展開

（左圖）莫高窟第55窟（宋）捨身飼虎圖中，雙手合十的薩埵，匆匆躍下，發願並非視覺的重點

（右圖）在七世紀初日本奈良法隆寺玉蟲廚子佛龕中的捨身飼虎畫面裡，薩埵將衣服掛於樹上，然後直接躍下山崖，並無發願的畫面表達

被修改的細節

由於從事臨摹工作，我們特別注意到畫面中幾處被修改的細節。

在薩埵高舉的右手之下，還有一個約略的輪廓，原來畫師最初繪製時，薩埵舉起的手並未伸直，如果照這個姿態畫出來，薩埵昂揚的氣概便會減弱許多。畫師不滿於此，從整體上進行了調整，將薩埵舉起的右手臂繪製得更為挺拔，使整個場面的宣誓感更加強烈。還有畫面右側的王兄，他似乎在挽留薩埵，細看之下，他抬起的手畫了六個指頭。原來畫師第一次畫了拇指和食指後，感到手的動勢不夠，馬上在此基礎上做了變化，重新加大了手掌的張開角度，使得手略微外張，在手形結束時還利用小拇指的彎張與上臂、前臂形成平行和直角關係，讓整個手勢更具力度。由於還保留著開始第一次畫的食指，因而總共可以數出六根指頭，但畫師對此倒並不在意。畫面左側的另一位王兄，他下垂的右手也疊壓著修改的痕跡。從最初的繪製痕跡來看，這隻手是一種較隨意而蜷縮的狀態，如果這樣畫出也並無大礙，但畫師最終還是將小指改為向下方翹出，整個手掌與手臂幾呈直角。於是，局面一下子有了改觀，小指正指向下方飢餓的小虎，彎曲的手腕也傳遞出某種內在的緊張情緒。同樣的微調痕跡還可以在下方的小虎身上看到，小虎的尾巴曾經是更為自由隨意的擺動狀態，但畫師也將尾巴的幾個轉折調整得更硬朗，更富繃緊的力量，使整個場面充滿一種儀式感與莊嚴感。

這些細節提示我們，繪製254窟的古代畫師絕非普通的工匠，他不是簡單地按照一套既定的粉本描圖填色，而是有著自己對故事的理解，在造型語言上不斷求索、積極經營，在繪製過程中重點非常清晰。為了獲得一種最恰當的表達，成功塑造動人的情感與情境，他不拘泥於細枝末節的「客觀如實」，而是始終著眼於角度與走向、形體呼應這些更關鍵的造型元素，盡可能利用具體物像來構成飽滿的三角形、貫穿畫面的垂直線與水平線等視

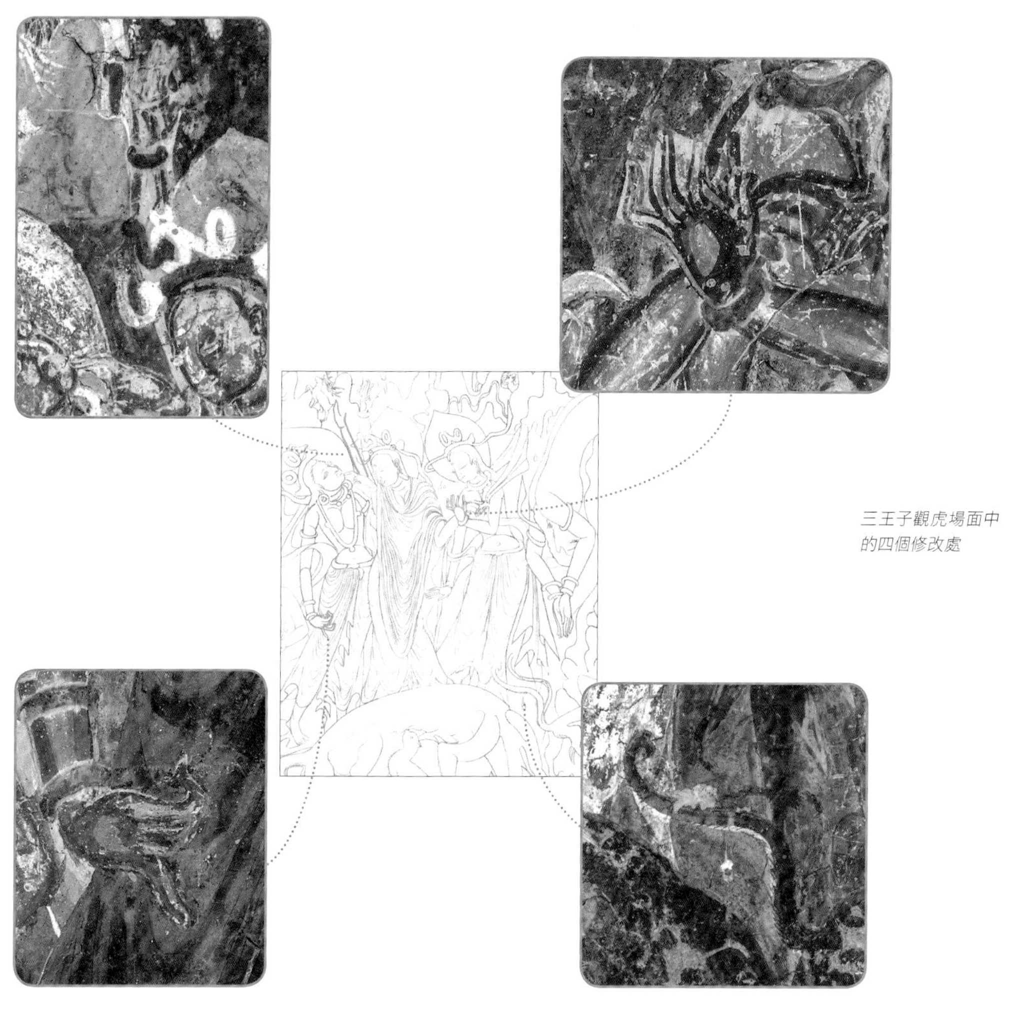

三王子觀虎場面中的四個修改處

覺關聯，加強圖像彼此間的聯結與對應。由於壁畫是在泥土製成的底層地仗上繪製的，每一次落筆，墨與色彩都會迅速滲透到底層，難以抹去，並且壁畫所使用的礦物顏料的覆蓋性也有限，很難透過疊壓而完全覆蓋下層的圖像，因此要求畫師每次下筆都要快速、謹慎、果斷，不容太多反覆，既要把握局部細節，又得兼顧整體效果，一旦勢或形達不到最佳，馬上就要順勢調整。這也是很多中國傳統藝術的特點，比如陶器即要求製作者在快速旋轉中完成對器型的把握與取捨，書法更是落墨成勢，不可反覆，一切都在一種稍縱即逝的集中狀態中完成，這種狀態說明創造者們達到了自然流露、神氣俱足、難以複模的藝術高度。

視線的指引

薩埵的長袍引發的視覺趨勢，將發願的薩埵與畫面下方虎食薩埵的部分聯結起來

與薩埵向上舉起的手相對應，觀眾的視線又會被薩埵身著的長袍垂直引向下方。畫面中其他人物都著裝甚少，袒露上身，唯有發願的薩埵身披長袍，這使得他的身體動態更有整體性，也更富於儀式感。他高舉的右手牽動了長袍，密集的袍褶彙集為下垂的趨向，加上外沿的一圈藍色裙邊，就像一個三角形的箭頭，形成明確的下指之「勢」，引導觀眾的視線向下方「虎食薩埵」的場面運行。這種「勢」與下方更豐富的關聯將留待〈虎食薩埵〉一節中詳論，但我們可以借此看到，畫師是如何有意識地借助畫面的造型、色彩來形成一種力的趨向，在賦予畫面生機的同時，引導觀畫的目光，從一個情節運行到另一個情節。

大自然帶來的超越感

順著薩埵舉起的右手，觀者可以在藍色的山巒中看到一隻色彩清新的白鹿。在佛教文化與中國本土傳統裡，白鹿都被視為祥瑞之獸，牠抬起前足，昂首跨立於萬壑之間，遙望更高遠的峰巒，給這個面臨生死抉擇的緊張場面帶來一種曠遠的情致。在254窟營造時所處的南北朝時期，人與大自然的關係變得更加密切。南朝畫家宗炳（375-443）對著山水畫幅彈琴，「撫琴動操，欲令群山皆響」，心靈的感染力似乎能喚醒圖畫中的群山，與藝術家的琴音共鳴，「峰岫嶢嶷，雲林森渺，聖賢暎於絕代，萬趣融其神思」。[1] 昂首白鹿的景象恰如宗炳所言，使得廣闊奇妙的自然景象與人物的偉岸胸襟、超然神采彼此輝映。山間還有許多動物都紛紛探出頭來，關注著事態的進展，為畫面增加了一份靈動生趣。那些眼神狡黠的岩羊、抱膝而坐的山猿、露齒而嘯的猛獸，一一自畫師筆下湧現，雖僅為指尖大小，但方寸之間，眉目表情毫不含混，提按之間，筆鋒銳利，運線有致，其技巧令人讚嘆，古代畫師在繪出這些幽默生動的形象時，或許也會莞爾一笑吧。

[1] 宗炳在其〈畫山水序〉中，表述了藝術家繪製壯闊山水前透過一系列的修為而進入的創作狀態。于民主編：《中國美學史資料選編》，第145頁，上海：復旦大學出版社，2008年。

局部二：刺頸跳崖

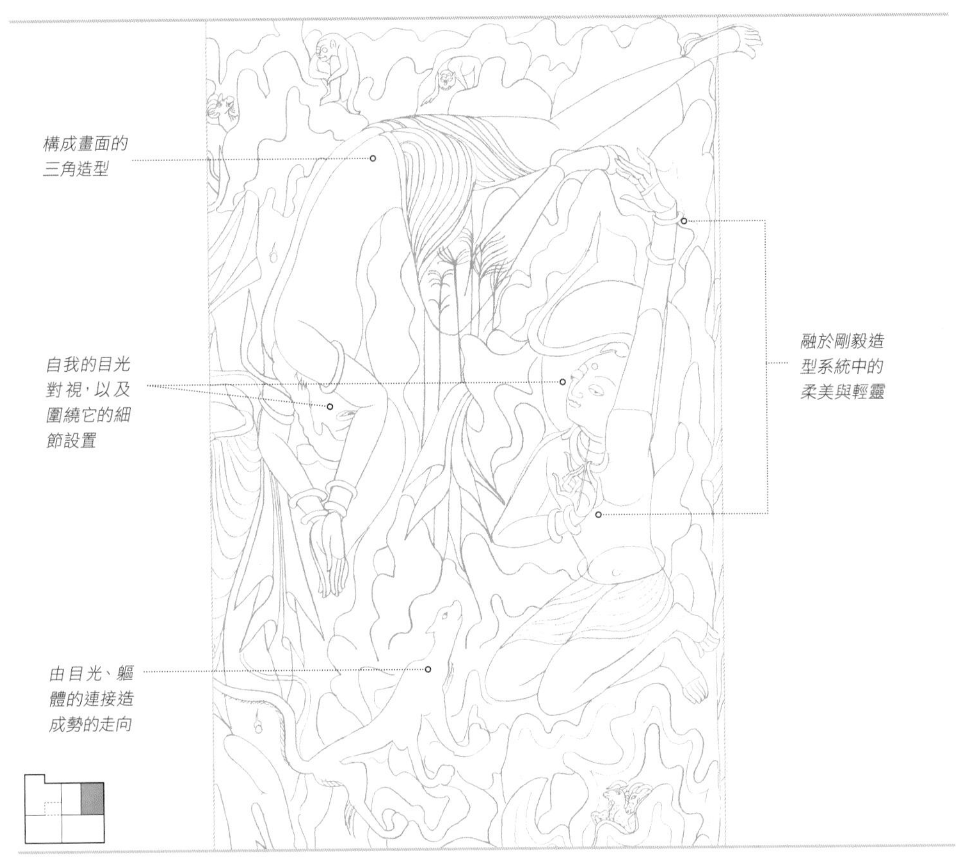

在這一部分，畫師巧妙地讓「兩個」薩埵產生了跨越時間與空間的心靈對視：跪地刺頸的薩埵仰著頭，貼近畫面，還依稀可見迸出的鮮血，他的左手順勢高高舉起，與躍起跳崖的薩埵的左腳相銜接；當薩埵縱身跳下山崖時，他的雙臂合攏為菱形，用身體動勢將故事的發展引向下方，同時他的眼睛正處於菱形的邊角上，又將目光回望向身體呈跪姿的薩埵，似乎在向過去的自己發出問詢：「獻出生命，你後悔嗎？你希望得到什麼？」跪地的薩埵目光平靜而決絕，似乎在回答：「不，我絕不後悔，我不求尊榮富貴，唯願幫助眾生出離苦海……」這種深邃的自我問詢，在整個人類藝術史上也是彌足珍貴的。[1]

[1] 西域現存較早的捨身飼虎圖像中，多將刺頸與跳下的薩埵共同繪出。但從目前的圖像遺存來看，未見到有彼此目光交流的例證。

關於生死的自我對視與問詢

對於目光與神思的關注，是魏晉時期中國文藝美學的一個突出特點。早在254窟營造前三個世紀，劉卲在《人物志》中便指出：「征神見貌，則情發於目。」五世紀初，敦煌大儒劉昺[1]為其作注：「目為心候，故應心而發。」他們一再強調，灼灼目光是生命與心靈的寫照，就像我們所習慣說的「眼睛是心靈的窗戶」。東晉大畫家顧愷之作畫，往往「數年不點目精」，因為他認為眼睛的表達才是傳神的核心所在，正所謂「傳神寫照正在阿堵（眼睛）中」。他還指出，在繪畫中，「手揮五弦易，目送歸鴻難」，也就是「手揮五弦」這種暫時性的動作尚可表現，但「目送歸鴻」這種持續性的動態和帶有時間性的情感狀態則很不容易傳達。為此，他又提出了「悟對通神」的概念，在傳為顧愷之的畫作〈洛神賦圖〉中，畫面兩端的主人公彼此注視，利用目光的連接建立了悵然傳情的聯結，展開了一段婉轉優美的心理空間，這一圖例可幫助我們嘗試去設想當時的藝術家是如何經營畫面內部目光的關聯與流動的。

薩埵的自我問詢中所包含的微妙造型設置，有助於目光的彼此溝通交流

也正是在魏晉時期，中國人開始了對人生終極意義的多元思考，產生了豐富的對於人情、人性、人格的觀察與體驗。薩埵的俯仰之視，不禁讓人聯想到王羲之〈蘭亭序〉中的句文：「仰觀宇宙之大，俯察品類之盛」「夫人之相與，俯仰一世」「向之所欣，俯仰之間，已為陳跡，猶不能不以之興懷；況脩短隨化，終期於盡」，其間亦包含許多俯仰相對的心靈動態與視觀生命涯岸的心靈展望。回到捨身飼虎的故事，薩埵

[1] 見《魏書·劉昺傳》，第1160-1161頁，北京：中華書局，1974年。

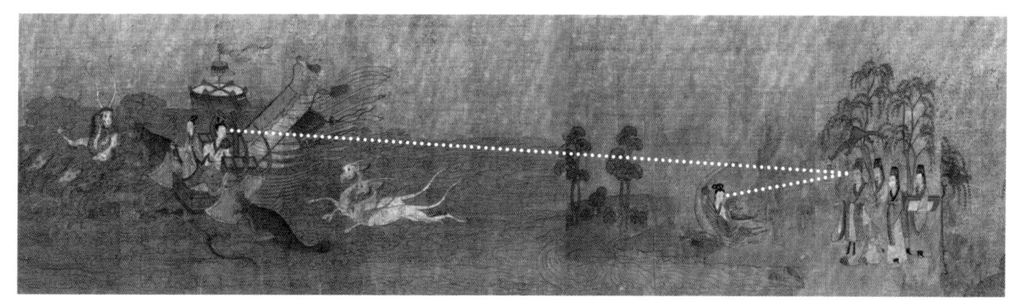

在〈洛神賦圖〉中，畫家利用人物的顧盼與視線的關聯，將長卷中的人物連接起來，製造出一種內在的情感互動

第一次飼虎未果，再次又刺頸跳崖，這表明他的行為不是一時衝動，而是對生死的意義進行了充分考量。佛教認為，肉體的生命不斷在生死輪迴的苦海中掙扎，其本質是虛妄與痛苦的；人生無常，頃刻即朽，因此肉身的理想功用是成為追求生命覺悟與解脫的橋梁。犧牲奉獻，助益眾生，是獲得覺悟的關鍵一步，在佛法提出的六種到達彼岸的修行方式——布施、持戒、忍辱、精進、禪定、智慧——中居於首位。早於254窟開鑿數十年便已風靡河西地區的《賢愚經》，開篇便講述了釋迦在歷生歷世求法護生的過程中竭力奉獻的六個故事。[1] 為了試煉奉獻者的信心與願力，每個故事中都含有對奉獻者的問詢或他的心靈自白，而且往往發生在他付出極大代價、最為艱難困苦的時刻，「如真金應試，以此試菩薩，知為至誠不」。有了堅定的信心，有了無悔的願力，修行者的奉獻行動才更具意義。薩埵的二次捨身，便是對以一己肉身之利益為輕，以眾生解脫之安樂為重的大乘佛教義理的最好詮釋。而畫師精心安排的兩次目光的對視，正如劉勰所謂「寂然凝慮，思接千載；悄焉動容，視通萬里」，[2] 似乎可以擴展到宇宙間，穿透到每個人心靈深處。我們在第一章中已提到，254窟中的圖像在創作之初並非僅僅是供展示之用，在禪觀修行中，它還有強烈的啟發想像、感動與參與的作用。薩埵對視的圖像正好處在與觀者視線接近的高度，利於信眾將他們熱忱的目光投向壁畫，參與到薩埵的自我問詢中去，與這段慈悲的佛陀心跡建立近距離的深入溝通。

❶《賢愚經·梵天請法六事品》中有多次關於信心的問答。

❷ 語出劉勰《文心雕龍·神思》，其描述的藝術創造過程中，想像力與內心情感穿越茫遠時空的特性極富魅力，至今仍給人莫大啟發。

剛柔並濟的視覺表現

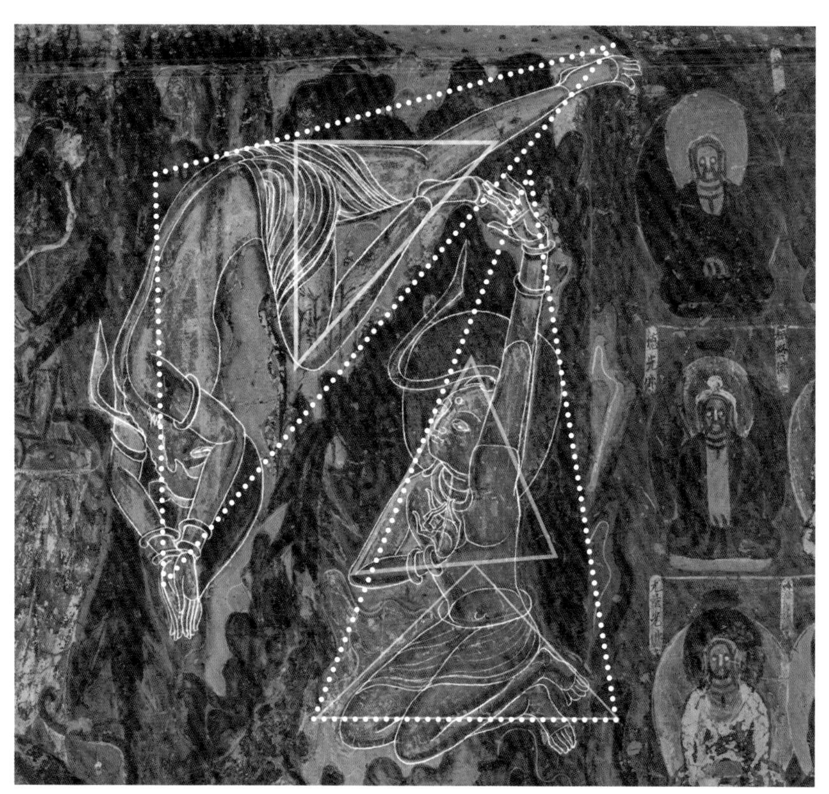

薩埵刺頸與跳崖畫面中所包含的三角形造型分解

在跪於山間刺頸的薩埵與躍起跳下的薩埵上，畫師均強化了他們動作中包含的幾何形態，從跪地的雙膝，抬起的手肘，到跳起後刻意收起的左腿，我們可以看到若干三角形的疊加關係，而他所處的環境更是由鋸齒狀密集的山峰所構成的三角形。在現實世界中，三角狀的物體堅固穩定，有鮮明的指向性，其蘊含的象徵意義也非常強烈，[1] 多為宗教建築所採用。薩埵捨身的堅定信念，被三角形的內在組合恰當地傳達了出來。

畫師還將基本的幾何構圖進一步演繹，將薩埵刺頸的場景放在了反覆疊加的鋸齒狀三角形群山中，以營造那種逼仄窒息、令人不禁咬緊牙關的緊張感。

❶ 參見王秀雄：《美術心理學：創作、視覺與造型心理》，第269-278頁，臺北：設計家文化出版事業有限公司，1984年。

這讓人聯想起顧愷之特意將「縱意丘壑，不徇功名」的主人公繪於岩石眾壑之中的例子。[1] 在另一幅畫中，他又「畫險絕之勢，天師坐其上」，將道教的高士恰如其分地安置在險絕峭壁之上。[2] 這兩個例子都是用整體環境的「形」與「勢」來為人物「傳神」，構思高妙，令人嘆服。

另一方面，剌頸薩埵執竹枝的手姿卻如此優美輕靈，如拈一瓣蓮花；另一隻高舉的左手也微張手掌，輕輕下拂，與躍起跳崖薩埵的腳尖相連接。這組動態畫面展現出一種舞蹈般的身體語言，每段軀體的空間位置，每個關節的擺動角度都飽滿舒展，似乎在時空中凝固與延長，因而大大區別於一般日常動作的偶然與不確定性，極具儀式感。[3] 畫師在主要由三角形組合而成的構圖內，又加入了這些非常柔軟的造型，正如在千鈞一髮的緊張時刻調入了舒緩放鬆的氣氛，這種「疾」與「徐」、硬朗與輕柔的並置使畫面給人以豐富的審美感受，別具意味。薩埵的捨身既如此慷慨壯烈，又如此安然從容，因而他的意志和目光是堅定的，身體狀態則是鬆弛與舒展的，在行動中完成了一種微妙的昇華。

剌頸薩埵的手姿

畫面的這種對比表現亦可在其同時代的華夏美學傳統中尋到淵源。在書法藝術中，很早便有對用筆「疾勢」與「澀勢」的追求，[4]「疾勢」為外露的迅疾運動之美，「澀勢」為一種內斂沉著的力量之美。[5] 文學創作中也強調「勢」的運行必是剛柔相濟的，僅強調「勢」的慷慨激烈，而沒有柔和婉轉的元素與之配合，這樣的創作就是片面的。[6] 顧愷之曾批評一幅繪畫作品，人物造型過於急烈，缺少從容和舉重若輕之態，也就是「疾」與「徐」的配合不足，使畫面對這位英賢的氣概胸襟表現不到位。[7] 反觀254窟的畫面，視覺語言剛柔相濟，更深刻地塑造了經文中所描寫的那個因明晰佛教義理、誓願慈濟眾生而淡定面對死亡的薩埵太子。

❶ 參見林同華：《中國美學史論集》，第82頁，臺北：丹青圖書有限公司，1987年。

❷ 顧愷之〈畫雲台山記〉，見〔唐〕張彥遠：《歷代名畫記》，第119頁，北京：人民美術出版社，1983年。

❸ 此觀點得益於劉建先生從舞蹈美學角度提出的意見。

❹ 〔東漢〕蔡邕在〈九勢〉中便已指出「疾勢」與「澀勢」的審美特徵。

❺ 參見李澤厚、劉綱紀：《中國美學史：先秦兩漢編》，第572頁，北京：中國社會科學出版社，1984年。

❻ 劉勰在《文心雕龍·文勢》中寫道：「然文之任勢，勢有剛柔，不必壯言慷慨，乃稱勢也。」參見〔南朝·梁〕劉勰著，王運熙、周峰撰：《文心雕龍譯注》，第279頁，上海：上海古籍出版社，1998年。

❼ 顧愷之在品評一幅表現藺相如的繪畫作品〈列士〉時說：「有骨俱，然藺生恨急烈，不似英賢之慨，以求古人，未之見也。」參見〔唐〕張彥遠：《歷代名畫記》，第116頁，北京：人民美術出版社，1983年。

局部三：虎食薩埵

倒地的薩埵，手腕卻舉起，竭力支撐著大虎的腳，將情感與造型密切地結合起來

吃奶小虎的姿態，展現出生命力的復甦，生死相依存，有著生動的象徵意味

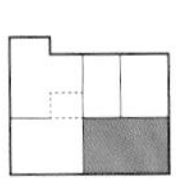

薩埵承載支撐著眾虎的啖食，平靜的體態蘊含著畫師對其精神維度的深沉領會

順著薩埵下垂的長袍與跳崖時伸出的手臂，觀者的目光來到了最驚心動魄的一幕——虎食薩埵。俯身啖食的大虎和眾小虎們承接了畫面上方發願救虎與刺頸跳崖兩部分所傳遞的「勢」。大虎背部的曲線弧度像是建築中的穹頂，沉雄下壓，把「勢」傳遞到了薩埵身上。而眾小虎盤桓在薩埵周圍，彼此身體筋節盤錯、弓背低頸，呼應了大虎的造型，也將「勢」彙集到了撲地的薩埵身上。畫面的「勢」由縱落轉為橫移，透過薩埵的身體與手的指向，繼續在畫面中運行。

3—2

虎食薩埵這一情節是所有捨身飼虎圖像所要表現的重點，但是如果對比其他各地的圖像，就會發現敦煌254窟的圖像具有一種獨特的內在秩序。

在西域地區的圖像中，薩埵倒地承受著眾虎的啖食，姿態與254窟十分相似，這一樣式可能曾對敦煌地區產生過直接影響，但在造型上比較簡略僵直。而北魏之後的一些圖像往往會將這一場面處理得非常血腥慘烈，似乎是要彰顯眾虎的凶猛以及血淋淋的氣息。

新疆喀喇沙爾（今焉耆地區）捨身飼虎圖

（上圖）在254窟之後的若干捨身飼虎圖像之中，虎食薩埵的場面被表現得越來越激烈，甚至血腥。虎的體量越來越大，形象也越來越凶猛。在莫高窟北周第428窟的捨身飼虎圖中，如同巨石壓頂一般的大虎和分食獵物的小虎，頃刻間就會將薩埵啖食殆盡

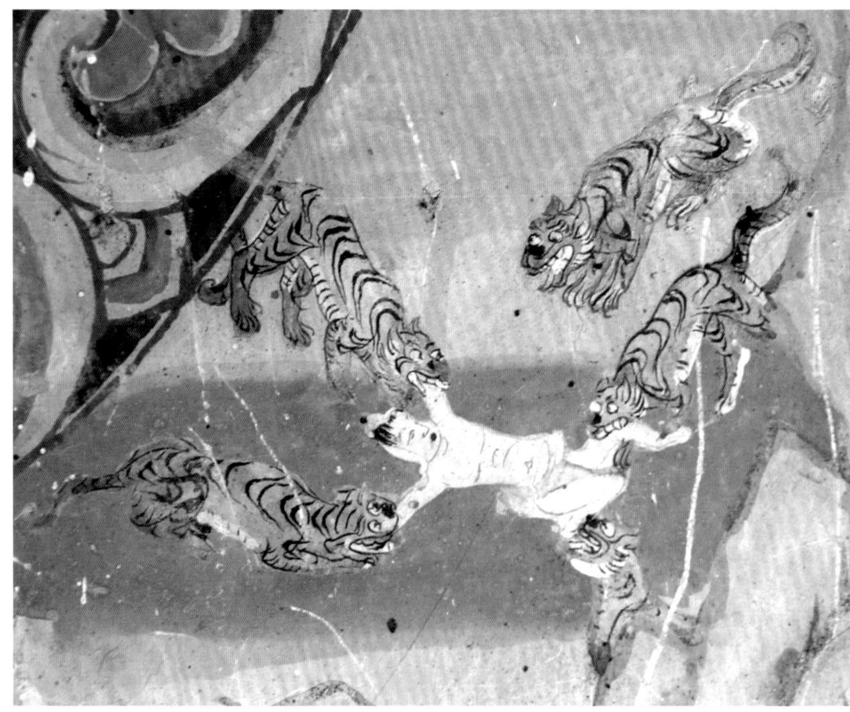

（左圖）在五代第72窟中，眾虎們強悍的撕扯之下，薩埵顯得如風浪中的小舟，右上方一隻小虎張嘴吐舌地奔來，將給他帶來致命一擊

（左圖）在莫高窟宋代第55窟中，薩埵被眾虎撕扯得四肢斷離，下方的一隻虎嵔口中銜著他的一隻手臂。還有許多類似的圖像渲染現場的血腥、撕扯的暴烈

（下圖）在日本法隆寺一尊約製作於西元七世紀中葉的玉蟲廚子佛龕中的捨身飼虎畫面中，被撕開身體、肝腸塗地的薩埵倒在地上，眉眼緊閉

薩埵平靜地躺在眾虎之間，支撐身體以供眾虎撕咬啖食

對比美術史中的種種表現，再回望254窟的飼虎場面，方覺出其中包含的犧牲之肅穆、相互依存的平和與慈悲生命的永恆感，畫面極為深刻地呈現了薩埵捨身的真意。

254窟的畫師用一種更加細膩動人的細節描繪和沉穩肅穆的整體把握來塑造這一關鍵場面。薩埵身體橫臥擔當著猛虎的啖食，他雖然承受著常人難以想像的劇痛，卻並沒有失去知覺癱倒在地，而是渾身凝聚著一股結實飽滿的力。他胸部在努力地向上挺起，一隻手臂向前探出，手掌張開，在紫外線的觀察下，腹部的鮮血還清晰可見，但正是這隻手，腕部全力支撐起大虎用力蹬地的後腿；一隻腳也盡力勾起，讓小虎可以穩穩地站立；臀部以及彎曲的臂肘和左腿也頑強撐著地，整個身體在充滿變化與張力的同時，又嚴格處於同一水平線上，呈現著一種剛毅、安寧的穩定狀態。正是這些細節塑造，使254窟的捨身飼虎圖像突破了尋常的「驚悚寫實主義」畫法，增加了畫面情感的穿透力，畫師關注的不是眾虎撕扯、肝腸塗地的慘狀，而

是薩埵獻身時肅穆、堅毅、崇高的宗教意味，從而恰當傳達出這個故事所強調的「全力奉獻」的精神內涵。「長歌之哀，過於慟哭」，這種平靜的處理更有助於調動觀者對薩埵慈悲心靈的體驗，也足見畫師對佛教義理的高度理解和藝術匠心。

薩埵在生命即將終結之際，依然全力奉獻，以手腕支撐著老虎後腿，兩者的造型緊密契合

薩埵擔負著老虎啖食的力量

重煥的生機

在捨身飼虎的圖像史中，還有一處細節是254窟的創舉。薩埵身邊圍繞著七隻小虎，其他的六隻都在扭曲著身體進食或張望，唯獨母虎腹下有一隻小虎正在仰頭吮吸著母親的奶水。就數這隻小虎最有精神了，牠昂首踞坐，顯然已恢復了生機，那姿態就如同門墩上雕刻的小瑞獸。畫師將這一場面的重點放在了新生而非啖食上，象徵新生的吃奶小虎的正下方就是獻出生命的薩埵，他的身體堅如磐石，托起眾虎。小虎的尾巴輕輕拂在薩埵身上，彷彿在二者之間建立了某種親切溫柔的關聯。母虎啖食了薩埵的肉身，再化為乳汁將這種生命力傳遞給小虎。畫面去掉了暴戾、血腥的視覺外觀，變得更加純淨，流露出一種重獲新生的欣喜，薩埵所救的不僅是一隻小虎，而是一位母親的希望。

即使在視覺上，這隻小虎也發揮重要的聯結作用。牠串聯起一條縱向的軸線：「勢」由舉手發願的薩埵發出，經由下垂的襟袍、啖食的大虎、生機勃發的吃奶小虎，最後到達獻身的薩埵。這一薩埵發願、獻身與眾虎獲得新生的過程，將佛教中最重要的理論基礎——慈悲與救度眾生的因果關聯——視覺化地呈現在觀者面前。這條縱軸貫穿畫面，成為一條重要的基準線，對此我們還將在後文進一步談到。

綜合來看，虎食薩埵這一幕是整個故事的核心與高潮。如果僅從表象描繪，這只會是一幅慘不忍睹的畫面。除了捨身飼虎，莫高窟早期還有很多具有濃郁悲劇色彩的佛教故事畫，比如割肉貿鴿、身釘千釘、身燃千燈、施頭捨眼、守戒自殺等，慘惻至極。這些故事本身帶有原始印度佛教的痕跡，但是傳入中國後需要在不同的文化框架間進行調適。朱光潛先生曾指出：西方美學推崇崇高之美，而崇高的內核往往正是痛苦，康德說，崇高的產生，正是由於在痛苦與恐懼中經歷了一個瞬間的生命力的阻滯，而立刻繼之以生命力的更加強烈的噴射！在

神采奕奕的吃奶小虎與其他六隻小虎，吃奶小虎的尾巴輕拂在被啖食的薩埵身上，傳達出一種生死關聯的溫情

西方的崇高美學範疇中，有一種對於痛苦的熱愛，尤其在審美與藝術表現上，強烈偏愛令人驚心動魄的悲劇美和令人恐懼的崇高感，將現實的痛苦化為審美的快感，例如我們所熟知的被巨蛇纏繞而死的拉奧孔，盜火後被罰的普羅米修斯。而中國本土的文化傳統則儘量避免痛苦，反對哀過於傷，更不願看到慘不忍睹的毀滅性結局，寧願在美好結局之中獲得和平中正的心理平衡，而不願在激烈痛苦的宣洩中獲得由痛苦帶來的快感。[1] 254窟的捨身飼虎圖便是佛教經過本土文化調適後的一個絕佳例子，對天發願的薩埵、鎮定從容刺頸跳崖的薩埵、慈悲負荷一切的薩埵，都使這個慘烈悲壯的佛教故事折射出一種精神性的內在力量，超越個人生死並蘊含著堅忍與平和。正如隋代高僧智顗（538-597）曾用皮、血、骨、髓來分別比喻戒、定、慧和善心，告誡修行人應像薩埵布施身體一樣令饑餓眾生長養戒、定、慧與善心，[2] 254窟的畫師讓我們更多看到的也是故事背後的義理與象徵性，絕非簡單地描摹故事本身。

❶ 參見朱光潛著，張隆溪譯：《悲劇心理學》，第84-85頁，北京：人民文學出版社，1983年。
❷ 《金光明經文句》卷第2，〔隋〕天臺智者大師語，錄於CBETA電子佛典集成，《大正藏》第39冊，No.1785，臺北：中華電子佛典協會，2006年。

局部四：親人悲悼

薩埵奮力支撐大虎的手腕，將他身上的「勢」指向了畫面的左方——親人悲悼部分，這也是畫面中人物最為密集、世俗情感最為濃烈的部分。《金光明經・捨身品》經文中，對薩埵太子捨身後眾親人的情形也有細緻深入的描寫。薩埵捨身時，天地為之震動，日光失色，兩位被支走的王兄見此異象，便意識到幼弟肯定是為了搭救飢餓的眾虎而犧牲了自己，立即匆忙返還，但只見薩埵的屍骸遍地，不禁悲從中來，暈厥在地。直到有人往他們身上潑灑冷水，兩位王兄才甦醒過來，繼之又是一陣哀號涕泣，復而讚嘆其弟的慈悲功德。摩訶羅陀國王和王妃在宮中也預感到三個兒子其中之一有性命之虞，急忙派大臣出宮尋找。甚至沒等到大臣回來，便親自出城尋覓愛子。得知最小的王子已被餓虎所食，難免肝腸寸斷、憂惱涕泣。

對灑水細節的表現

（右頁圖）
一手持水瓶的人，將密集有力的水點灑落到俯身撿拾骨骸者的背上

對應畫面，讓我們先來看左下方的一組人物。有人撲倒在地，一隻手握著一塊骨骸，另一隻手伸出去搆一個裝殮薩埵骨骸的包袱，他的下裳隨動勢猛烈向前擺動著。旁邊右側的人身體微傾，雙手伸向他的背部，灑下一些藍色的點狀物。最初臨摹時，我們曾一度認為這只是畫師當年無意濺出的顏料，並無太多深意。直到後來整理臨摹資料時才恍然大悟，他左手握持的原來是一只淨瓶，❶ 那麼，這些呈噴灑狀的藍色斑點便應該是清水之類的液體無疑了。這一細節促使我們將畫面與《金光明經・捨身品》經文的描述進行了認真比對，因為在現存的圖像資料和北朝時期譯出的經文中，只有254窟的〈捨身飼虎〉圖和《金光明經・捨身品》對灑水的細節有所強調表現。經文末的偈語裡，與灑水動作相關的描述出現了四次，其中第四次是一位大臣向國王轉述他在山林中遇到的情境，與畫面的描繪最為貼近：

> 復有臣來，而白王言：向於林中，見二王子，
> 愁憂苦毒，悲號涕泣，迷悶失志，自投於地，
> 臣即求水，灑其身上，良久之頃，及還蘇息，
> 望見四方，大火熾然，扶持暫起，尋復躄地，
> 舉首悲哀，號天而哭，乍復讚嘆，其弟功德。

這位大臣向國王報告，他在樹林中遇到了薩埵的兩位兄長，他們因為薩埵之死而悲痛暈厥在地，「迷悶失志，自投於地」，於是，大臣找來清水，灑在王子們身上，讓他們甦醒，「臣即求水，灑其身上」，這便好像是畫中所表現的一人持瓶灑水在另一人背上的場面。王子們在灑水的作用之下，終於醒來，「良久之頃，及還蘇息」，可他們甦醒後依然沉浸在劇烈的情感中，舉目所及，

❶ 關於淨瓶豐富意蘊的考證，可參見揚之水：〈淨瓶與授水布施：須大拏太子本生故事中的淨瓶〉，收入《曾有西風半點香》，第230-239頁，北京：生活・讀書・新知三聯書店，2012年。

「扶持暫起，尋復躄地」，俯身撲 a 向骨骸的親人盡顯難以自抑的悲哀

皆是烈焰般的苦痛，「望見四方，大火熾然」。經過這種悲慟的打擊，剛剛被攙扶起身的王子又向地上倒去，「扶持暫起，尋復躄地」，按畫面的表現，這位猛然撲倒在地的王子雙腳騰空，彷彿展現了王兄忽然發現一處薩埵的骨骸，痛哭撲上去撿拾的一剎那。王兄內心悲痛，「舉首悲哀，號天而哭」，正如畫面繪製的那位高舉起雙臂、悲痛呼號的人，他仰起的頭、後傾的身體、踮起的雙腳，都表現出強烈激動的精神情緒；向下耷著的眼角、絕望的眼神、下咧的嘴，刻畫出他涕泗橫流的面部表情，所有細節都盡顯出他那難以自抑的哀傷。這種直觀的視覺表達增加了畫面的情感強度，但悲痛的感情又在灑水的作用下產生轉化的契機，回歸到畫面強調的奉獻主題上來。畫面左下角的兩位人物，有別於舉頭慟哭者與俯身撲地者，身體姿態變得更為舒展，似乎已從劇烈的情感漩渦中平復，恰如經文中所呈現的，王兄們剛剛還沉浸在無邊的悲痛中，旋即覺醒與認同的力量顯現在他們身上，經歷一百八十度的大反轉，「乍復讚嘆，其弟功德」，兩位王兄忽而從悲慟中解脫出來，擺脫了生死離別之情的悲苦束縛，開始反思並頌揚薩埵捨身所具有的無盡功德。由此，透過這組畫面，觀者深入體驗了兩位王兄在灑水的作用下由昏厥轉入覺醒的情感歷程。

灑水的動作是一種佛經中常見的表現悲傷情感的程序，[1] 憂傷過度的人們暈倒後往往需經灑水才能被救醒。不過，在佛教中，灑水也包含著賦予人清涼、覺醒、功德等諸多象徵意味。[2]《金光明經》和254窟〈捨身飼虎〉圖，正是充分利用灑水甦醒這一契機，將人物的情感狀態加以極大轉變，使他們從世俗情感中超脫出來，由極度的悲痛轉到清涼覺照，開始讚嘆慈悲功德。而且，圖像與經文之間的關係如此微妙，儼然是一齣鮮活的演繹。這或許也與當時的佛教宣講方式有關：為了更好地傳播教義，古代僧眾將深奧難懂的佛經通俗化，以白話來宣講，甚至還融入了繪聲繪色的講唱表演，由講唱人扮演不同角色，向觀眾演唱、講故事，從而達到宣傳教育的目的。畫師可能親眼見到過關於捨身飼虎故事的講唱表演，並對其中灑水的動作印象深刻，於是將它用到了自己的壁畫創作中，使畫面的視覺轉折與敘事的情節轉折巧妙融合到一起。[3] 儘管這只是一種推測，但對我們思考北朝佛教美術圖像創作過程、經文在畫面視覺表現中的作用等諸多問題卻不無裨益。[4] 灑水這個能與經文密切暗合的特別動作，顯示出畫面設計者對人物內心情感的關注，以及他主動選擇文本細節去營造氛圍的能力。

❶ 佛經中有許多相似段落，都用來外化描寫人物所經歷的內心磨難，參見富世平：《敦煌變文的口頭傳統研究》，第52頁，北京：中華書局，2009年。

❷ 檢索《大正藏》中諸多灑水動作，從上下文關係來看，灑水於某某物之上這一動作的象徵意味很明顯，即賦予祝福、攘除不祥。

❸ 鄭岩教授對北魏時期畫面與文本間的轉折性關聯亦有探討。在北魏時期的洛陽石棺線刻畫中，山間的強盜俘獲了樵夫兄弟，強盜頗具威懾力，從正面衝向觀眾而來，隨著兩兄弟彼此的感情感動了強盜，他們就被釋放了，強盜們也在同一畫面中背向觀眾而去，在曲折的林間漸行漸遠。隨著故事情節的轉化，畫面的「勢」也發生了轉化，一切都被和平化解了。參見鄭岩：〈逝者的「面具」〉，收入巫鴻、鄭岩主編：《古代墓葬美術研究》（第1輯），第225頁，北京：文物出版社，2011年。這表明在北魏時期，藝作坊間那些優秀的畫師透過畫面的巧妙安排引導出一種情節與情緒的豐富轉折已非偶然。

❹ 偈中的灑水動作雖未在經文正文中出現，但由於在經文宣講中偈是具有生動活潑功效的，所以，灑水並覺醒這一場面或因其象徵性而被大加渲染。並且，依據現存記載了薩埵捨身飼虎的北朝期間譯出經文來看，唯有《金光明經》記述了灑水的情節，而曇無讖所譯《金光明經》與之後〔唐〕義淨所譯之《金光明最勝王經》儘管被認為依據的梵文原典不同（見鄭國棟：〈《金光明經·流水長者子品》梵漢對勘及研究〉，第15頁注48及第16頁，北京大學外語學院東語系2001年碩士學位論文，未刊行），但在兩經的捨身飼虎一段中，在尾偈相近的位置上都提到了大臣灑水令王兄清醒，王兄復歸讚嘆薩埵功德的事情。結合254窟畫面，其捨身飼虎事件從傳頌到成文再到被視覺化的過程值得我們深入思考，也期待此一視覺材料能引發更多關於視覺創作與經典依據之間關係的討論。

頂胯：姿態帶來的轉折

清涼的水讓悲痛的王兄們從迷亂中覺醒，感悟到薩埵捨身的功德。悲悼者劇烈的動態將畫面的「勢」引導至畫的邊緣，身著藍色下裳的王兄屈膝舉臂，一腿向前弓出，而最左側王兄做了個抬胯的動作，好像足球比賽的頂球一樣，將衝向邊緣的「勢」又反頂回畫面斜上方。

這位抬胯者的動態非常引人注目，如果改變他的朝向會怎樣？我們用電腦做了個有趣的實驗，讓這個人物的動態朝向畫外，結果畫面結構頓時變得鬆散無序。在整幅構圖中，他的頂胯動作有一種四兩撥千斤的作用，與另一王兄舉起的手臂相銜接，使觀眾的目光在盡頭處回轉，隨著故事情節繼續行進。

畫面左下角的兩位人物，有別於舉頭慟哭者與俯身撲地者，身體姿態變得更為舒展，似乎已從劇烈的情感漩渦中平復，恰如在經文中所呈現的，王兄們剛剛還沉浸在無邊的悲痛中，旋即覺醒與認同的力量顯現在他們身上，經歷一百八十度的大反轉，「乍復讚嘆，其弟功德」，兩位王兄忽而從悲慟中解脫出來，擺脫了生死離別之情的悲苦束縛，開始反思並頌揚薩埵捨身的無盡功德

本部分畫面自薩埵支撐老虎的手開始，「勢」被匯出，而後經歷幾位人物的動態傳遞與強化，在畫面邊緣產生了戲劇性的反彈，將「勢」導向了畫面上方，並分別透過形體與色彩的呈遞（橙色線所標示的「勢」），彙集到飛天身上，傳遞給白塔

如果將頂胯者的朝向反轉，會發現畫面之「勢」隨之湧出畫外，無法與上方的情節發生關聯

父母的哀悼

順著畫面左下方這兩位「乍復讚嘆，其弟功德」的王兄身姿的反轉，觀者原本從右至左看過來的視線再次轉向右上方。在這裡，我們看到一對白髮蒼蒼的老者抱起死去的薩埵，正在垂淚哀號，他們便是薩埵的父母——摩訶羅陀國王及王妃。當薩埵捨身之際，正在宮中小憩的王妃做了一個夢：三隻雛鴿在林野遊戲時，一隻鷹攫走了最小的那隻，這不祥的徵兆使驚醒的母親馬上覺察到她的愛子面臨災異。伴隨著信使傳來的噩耗，她與國王都脫掉了御服瓔珞，與眾人趕到林中，收拾薩埵的舍利。在畫面中，薩埵躺在母親懷中，再次恢復了肉身，也不見血痕，似乎只是平靜地睡著了，唯有悲傷哽咽癱坐的父母涕淚滿面，無望地召喚著愛子的歸來。

佛教傳入中國，最難處理的就是與儒家孝道的關係了。在佛教與儒道漫長的攻辯中，孝道，孩子與其生身父母之間的情感聯結和責任義務關係，被作為攻擊之錘反覆擊打在佛教義理的堡壘之上。薩埵的捨身奉獻雖然使他的兄弟們無盡哀痛，但尚不至於引發倫理上的嚴重衝突。可當悲哭的年邁父母出現，問題就隨之而來。[1] 在數種捨身飼虎的經文中，都沒有完滿展現出父母對薩埵之死的價值認同。在《金光明經》中，母親對薩埵的死肝腸寸斷，難以接受；在《賢愚經》中，薩埵轉生為天人，出現在天空，向他悲痛的父母指出光明的未來，在他的勸慰下，父母「小得惺悟」，這就算是父母對薩埵最具認同的表述了，但充其量也只是勉強而無奈地接受現實，在一種慘澹的氣氛中以父母回宮而收尾。即使是在價值觀極為多元與寬泛的今天，捨身飼虎依然是個相當敏感的題材，它象徵著在佛教信仰下走得最遠、最決絕的一條道路，這條道路與我們世間生活所看重的價值全然不同。儘管十五個世紀過去了，如果稍加體驗，面對薩埵的死而哀痛號哭的白髮老父母依然會扯動我們的思緒。

[1] 據方廣錩先生的研究，印度佛教本無「孝」這個詞彙，而採用「報恩」這一說法。佛教認為，釋迦在無始的輪迴轉世中，曾無數次為各個眾生做父母，亦為各個眾生做子女。因而，釋迦並不以某個特定眾生為對象而報恩。也就是說，佛教是聯結輪迴來看待親子關係的，這使得它的「報恩觀」與中國的「孝道觀」有很大的差異。見方廣錩：〈再談佛教發展中的文化匯流〉，載於《敦煌研究》2011年第3期，第96-97頁。從這個角度而言，薩埵捨身的核心思路是報恩於廣大眾生，而非盡孝於當世父母。

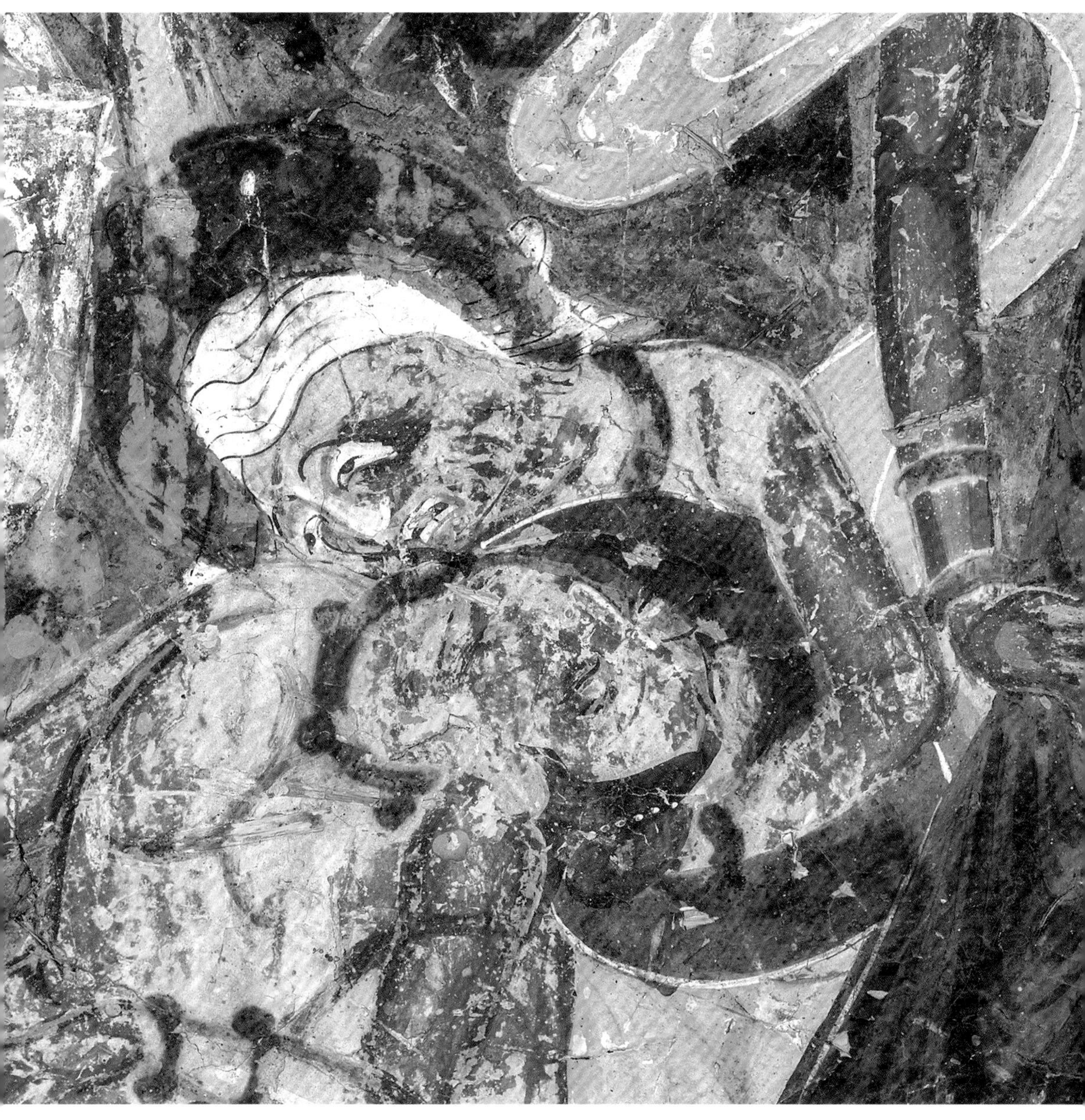

薩埵靜靜地躺在母親的懷中，如同睡著了一般，表情恬淡

畫師沒有迴避這個矛盾衝突最為激烈的時刻。相反，他用一種溫情而智慧的方式，既充分傳達出年邁父母撕心裂肺的悲痛，又平和堅定地表達了對薩埵捨生取義的頌揚與認可。母親懷中的薩埵就像輕輕睡著了，從骨骸遍地又恢復到完整的肉身，正如佛經中所說的：薩埵犧牲了肉身，但卻獲得完整的法身，薩埵真正的生命並沒有失去。對比母親的悲痛，薩埵的父親似乎已經領會了薩埵的發心與用意，儘管老淚縱橫，卻還是轉過身去，開始禮拜佛塔。

孫綽（約300-380）曾在其廣有影響的《喻道論》中詳細論述了佛教的解脫之道如何同時表現為最高的孝道：一，孩子成佛是對父母生命的根本提升，是孝的極致；二，即使是儒家，也有極為對立的社會美德，如「忠」與「孝」的衝突；三，佛本人就是行孝的典範，他使得自己的父母皈依佛法。順著這個角度，捨身飼虎與儒家的「殺身成仁，捨生取義」某種程度上便有了內在的吻合，捨生作為成佛的基礎是值得的，必將極大利益於父母，同時還將利於廣大眾生，是在孝道上邁出的一大步。❶

參與這部經典故事形成與傳播過程的人們，並沒有強行抹平大眾心中包含的信仰與倫常的溝壑，並允許這鴻溝沿著事件的進展悄然開裂。捨身飼虎的故事前半部充滿薩埵無上的勇氣、乾脆俐落的行動；後半部則任由親人嚎啕的淚水潤濕了紙面，暈開了字句內矛盾的張力，擴散著基於世俗情感的質疑，突顯出執著而痛切的哀傷，從而使整個事件呈現出一種複雜且付出了慘痛代價的崇高感，而非是一種簡明版宗教英雄事蹟的說教。這種複雜與內在的張力或正是生活本有的質地，使這個故事充滿緊張而又令人著迷的魅力，恰如當年玄奘面對薩埵捨身遺跡時的感受：「人履其地，若負芒刺，無論信疑，莫不悲愴。」❷ 畫師對悲痛者的表現繼承並利用了這種衝突，對於我們今天重新體認這一決絕行動背後的艱難不易依然有效。

❶ 許理和先生對此做了綜合的整理，見許理和著，李四龍、裴勇等譯：《佛教征服中國》，第353頁，南京：江蘇人民出版社，2005年。
❷ 季羨林等校注：《大唐西域記》，卷3〈僧訶補羅國〉條，第317頁，北京：中華書局，1985年。

老淚縱橫的父親看似還在哀悼之中，實則已在禮拜佛塔，與上一品中的灑水者所引發的覺醒有相似的意味

局部五：起塔供養

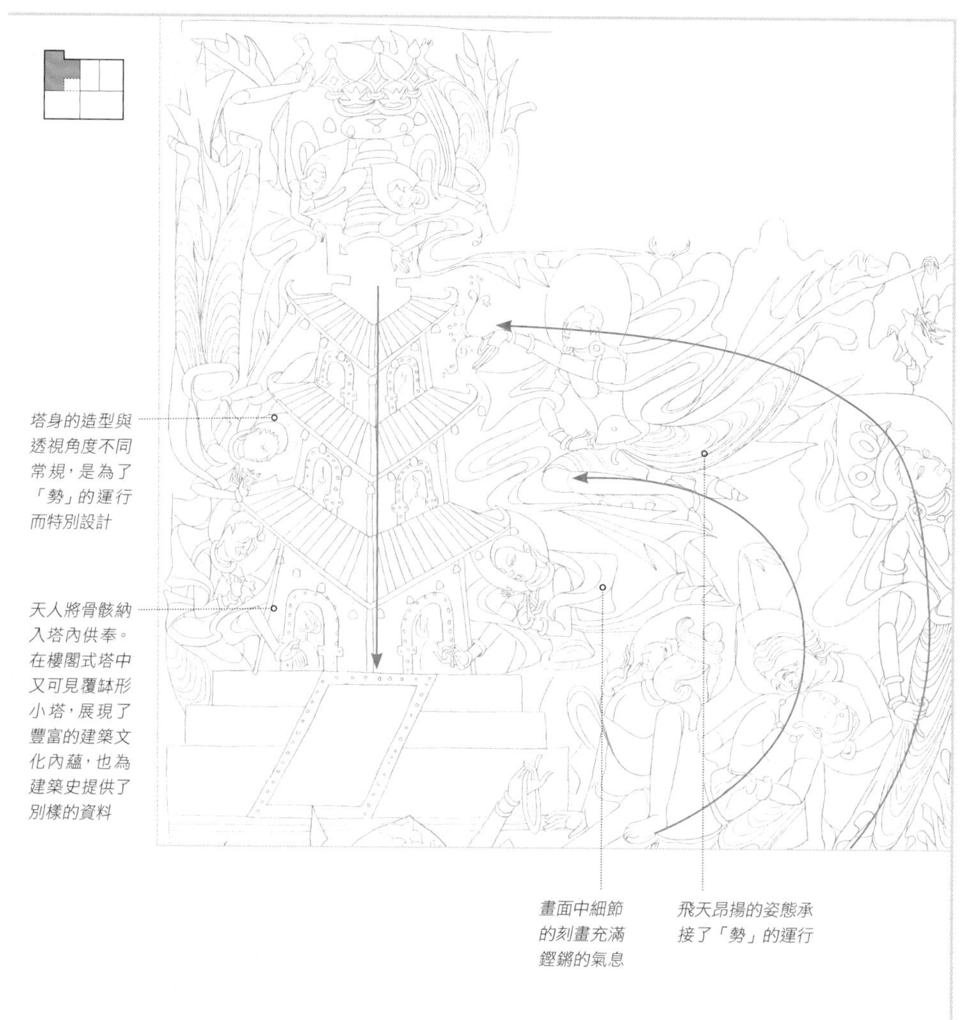

隨著畫面右下方兩位王子迴旋而上的動勢，經由悲悼父母的動態傳遞（母親舉臂、父親回首），以及藍色衣裙飄帶的色彩承接，觀眾的目光彙集到畫面上方的最左側：白色的塔身，藍色的屋簷，使這裡成為整幅畫面中最明亮的部分。飛天環繞佛塔，盤旋於群山之上，如翩翩飛鴻，宣告了苦難與淚水的結束，喚起了對薩埵無量功德的讚美。

明亮的色彩

在佛教中，塔是收殮佛陀舍利的神聖處所。塔的圖像在佛教中淵源久遠，在釋迦牟尼佛涅槃後的很長一段時間裡，佛的形象都被認為是不可用人的凡俗之貌來模擬表現的，盛放佛陀舍利的塔便成為象徵佛陀存在的聖物，可以說，塔是佛教禮儀活動的核心之一。在畫面中，畫師運用了舞臺聚光燈般的效果，將最為明亮的焦點給予了白塔。白色與藍色的組合，如同藍天白雲的色彩關係，來源於大自然的色調，傳達著解脫後的安寧與清涼。相對來說，之前發生的一切苦難都在暗處了。同時，直線與方角轉折的造型處理，也使白塔在所有圖像中最為明快與清晰。這裡是故事的起點，也是故事的終點，它象徵著薩埵的慈悲功德，是整個故事的精神所在，因此具有特殊的意義。

外來與本土建築元素的融合

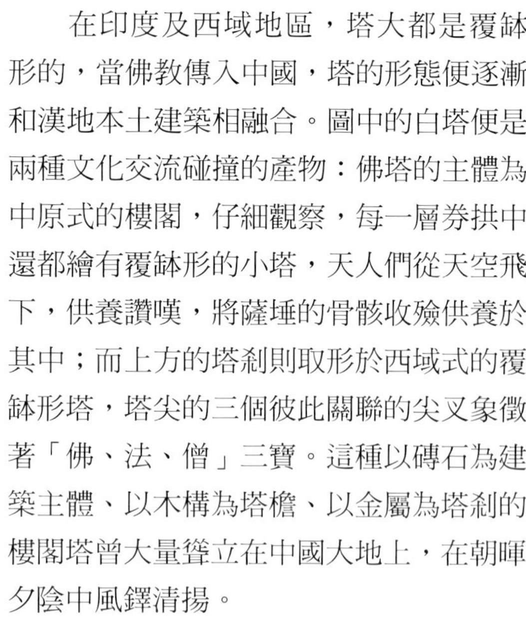

與右圖的金剛寶座塔不同，254窟壁畫中的白塔將覆缽形塔收入了塔的本體之中。儘管外形已十分斑駁，但經由臨摹過程中的仔細辨認，仍能看出天人們正在悲慟地將薩埵的骨骸納藏其內

在印度及西域地區，塔大都是覆缽形的，當佛教傳入中國，塔的形態便逐漸和漢地本土建築相融合。圖中的白塔便是兩種文化交流碰撞的產物：佛塔的主體為中原式的樓閣，仔細觀察，每一層券拱中還都繪有覆缽形的小塔，天人們從天空飛下，供養讚嘆，將薩埵的骨骸收殮供養於其中；而上方的塔剎則取形於西域式的覆缽形塔，塔尖的三個彼此關聯的尖叉象徵著「佛、法、僧」三寶。這種以磚石為建築主體、以木構為塔檐、以金屬為塔剎的樓閣塔曾大量聳立在中國大地上，在朝暉夕陰中風鐸清揚。

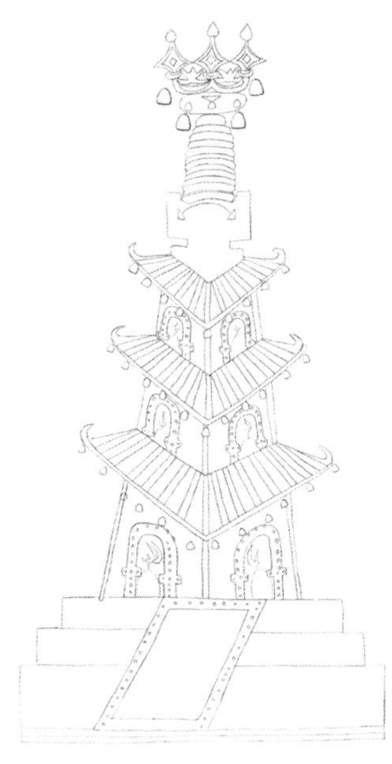

漢代陶樓

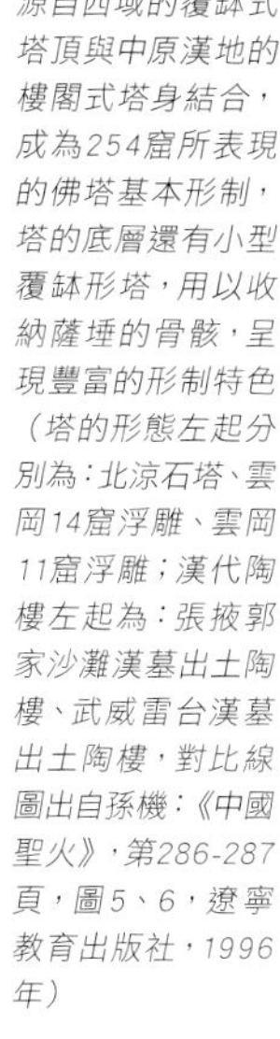

源自西域的覆缽式塔頂與中原漢地的樓閣式塔身結合，成為254窟所表現的佛塔基本形制，塔的底層還有小型覆缽形塔，用以收納薩埵的骨骸，呈現豐富的形制特色（塔的形態左起分別為：北涼石塔、雲岡14窟浮雕、雲岡11窟浮雕；漢代陶樓左起為：張掖郭家沙灘漢墓出土陶樓、武威雷台漢墓出土陶樓，對比線圖出自孫機：《中國聖火》，第286-287頁，圖5、6，遼寧教育出版社，1996年）

而畫面中的白塔，也有一處細節為以往的建築史所不見。北魏時期的樓閣式佛塔，通常在塔身的四周圍繞有四座覆缽形的小塔，被稱為金剛寶座塔。而畫中的白塔卻不是這樣，它的基座四周沒有小塔，而是將覆缽形的小塔安置在每一層的券拱中，用於收殮薩埵的骨骸。在圖像史中，這種樓閣式塔內藏列覆缽形小塔的構造很罕見，但卻非常符合此部分起塔供養的情節。

南禪寺舊藏北魏金剛寶座石塔，本體是漢式風格，而在基座周邊四角雕有西域式覆缽形小塔

白塔邊的天人悲痛地將
骨骸遞入塔內收殮供養

有悖常理的視覺處理

除了樓閣塔身與覆缽塔頂的組合，畫中白塔的形制還有一點很獨特，那就是它的塔檐與塔基在透視上並不統一。塔檐為俯視，而塔基卻是平視，這是一種矛盾的視角，與我們正常的視覺印象相悖。

儘管更為複雜的透視法是在西方文藝復興期間被總結出來的，但作為一種人眼的基本視覺特性，初步的透視效果在敦煌的佛教美術中也常有表現。[1] 在莫高窟壁畫中，大量的塔類建築和其他建築物的透視表現都有一定之規，[2] 頗為複雜的建築房檐也能夠被正確地表現出俯視與仰視效果，縱有不精準之處，也不會出現如此明顯的視角矛盾。反觀254窟白塔這種對塔矛盾視角的表現在整個佛教美術史中都很罕見，作為畫面中與主題密切相關的建築物，被表現得如此反常，到底是個常識性錯誤，還是畫師有意為之？為此，我們做了各種嘗試性的改變。

❶ 關於對敦煌壁畫中所使用的「透視」觀念的界定，「在此『透視』的概念並不局限於西方建立在嚴格數學計算基礎上的所謂科學的透視，而是泛指有別於正投影的，希望表現出建築的體積與空間的畫法」。見蕭默：《敦煌建築研究》，第268頁，注1，北京：文物出版社，1989年。

❷ 敦煌建築畫中採用的透視畫法絕大多數都是一點透視，只有少數方形塔為兩點透視或四十五度軸測投影。整體呈現出比較符合規制的透視表現思路。見蕭默：《敦煌建築研究》，第268頁，北京：文物出版社，1989年。

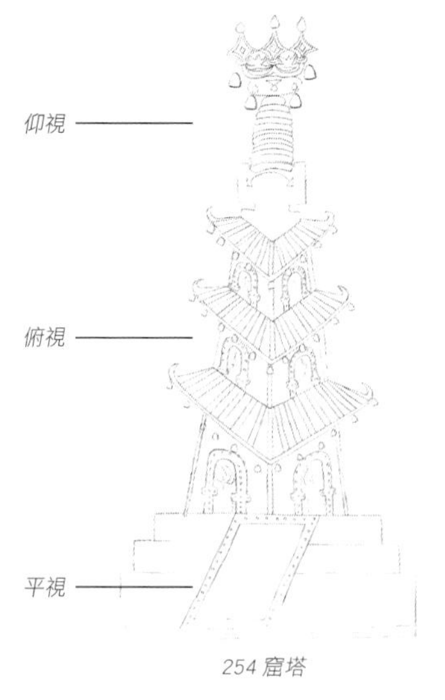

254窟塔

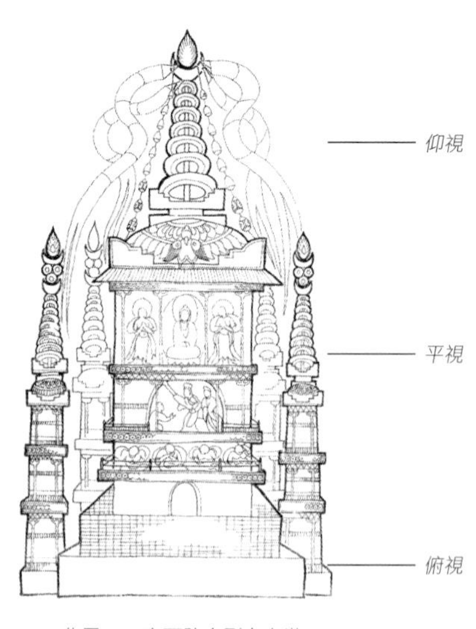

北周428窟西壁金剛寶座塔

北朝期間莫高窟較具代表性的塔的圖像，大都被表現為統一的透視，而254窟的白塔則表現出一種反常的矛盾透視，在上下兩端的仰視與平視視角中，加入了俯視的視角（後三塔線圖採自蕭默：《敦煌建築研究》，圖117、103、115，北京：文物出版社，1989年）

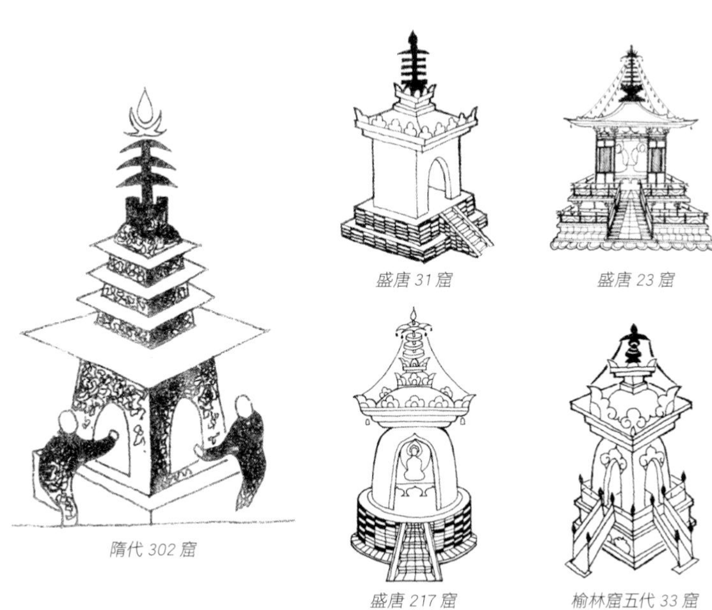

敦煌莫高窟壁畫在隋唐之後出現的塔的圖像，在透視處理上更呈現出「合理化」與「客觀化」的趨向，將複雜的建築結構繪製得中規中矩。254 窟這樣的透視處理更是沒有再出現了（線圖採自蕭默：《敦煌建築研究》，圖 113、107、99、109，北京：文物出版社，1989 年）

北魏 257 窟南壁闕形塔與磚身木檐塔

首先把塔檐改為與塔基相同的平視，這似乎是最正常的選擇。可是，通觀全畫，這樣的造型顯得太過平穩，缺乏表情，顯然不能令人滿意。

那就換種方式，使塔統一為俯視。結果呢？從薩埵發願、刺頸到白塔基座之間的水平連線被折轉的塔基破壞了，畫面的基準線失去了平衡。這種改變使得整個畫面變得不穩定，表現力也就大大降低。

為了強調塔的高聳感，可以加強塔檐的仰視效果，塔基則保持平視，這種反差更加強了塔的高聳效果，這些仰視的塔檐的確帶給畫面的這個角落一種上升感，但在整幅畫中，偏處一隅的塔已經緊緊頂在了畫角，並沒有足夠的空間來展開這上升的「勢」。並且，在佛教義理中，重點是解脫生死輪迴，而不是轉生到天國。薩埵的意願不是去往彼岸，而是生生世世的奉獻，回到眾生才是他的目標。不同於西方的基督教藝術，我們很少見到以高聳接天為意圖的佛教藝術造型。此處白塔若極力表現向上的趨勢亦不合適。

可以想見，當初畫師一定費了很多心思斟酌，最終選擇了這種看似矛盾的構造方式。參照《金光明經》的敘述，我們似乎可以體會到他的良苦用心。在經文中，捨身飼虎的故事是被放在一個輪迴的時間結構中講述的。往昔，佛陀的前世——薩埵拯救了老虎們，如今，眾虎們在輪迴中轉生為人，成了佛的弟子，佛陀還將繼續給予他們以佛法的教育，也就是生命的更進一步的救度。下壓的塔檐，將畫面的「勢」和觀者的視線重新帶向畫面的下方，又順著塔基的水平線，回到薩埵的發願與捨身。這個看似矛盾的視角，卻為畫面創造出了一種綿長悠久、回味無窮的「勢」之循環，既保持了畫面的穩定，又強調了生生世世救度眾生的誓言。當觀者的視線沿著下指的塔檐到達塔基，然後沿畫面的中線回到發願與刺頸的薩埵，不知不覺中，他們會感受到一種堅毅、優雅、哀而不傷又復歸於振奮的氣息，思緒也隨之深入一層。

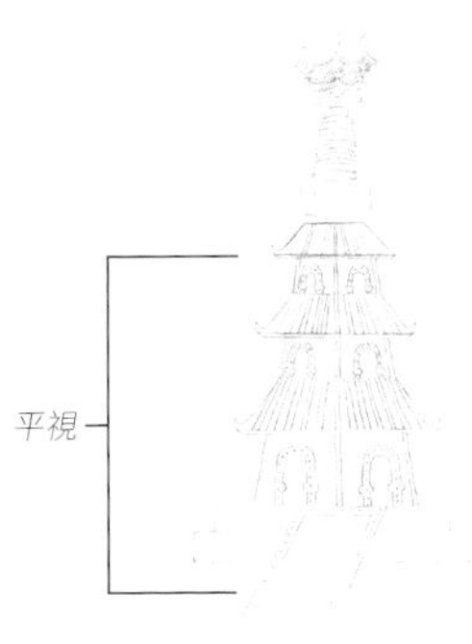

被統一為平視視角的白塔，缺少了情感的張力，令畫面的整體氛圍變得相對平淡

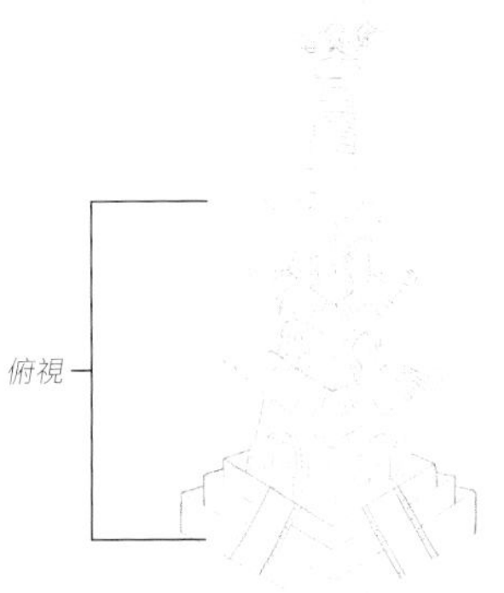

將塔的視角統一為俯視，則破壞了畫面的基準線，使得畫面失去了穩定感

將塔檐繪製為仰視後，畫面「勢」的運行被導向了畫的頂端，缺乏足夠的空間使之迴旋並產生更多視覺與心靈上的影響力

「勢」之運行

當觀眾順序看過畫師精心選取的五個場景，不難意識到，這幅壁畫的創作者，一直在利用姿態及色彩等造型語言，引導著觀者重新對這個著名的佛教故事進行深入體會。這種視覺上的方向感和運動性，在中國傳統美學中可被歸為「勢」的範疇，它超越單個具體的物像，代表了一種帶有趨向性力量的運行與轉化，使有限的畫面蘊含著可被感受到的力量與生機。「勢」的營造，尤被古代中國人看重，風水堪輿有龍勢，軍事打仗有陣勢，書法運筆有筆勢，文章結構有文勢，在繪畫藝術中同樣如此。「勢」的連接與承遞往往與畫師最想傳達的核心主旨緊密關聯，在潛移默化中將分散的物像與情節貫穿起來，賦予畫面精神性的同時又影響觀者的主觀感受。在前面的局部分析中，我們已經多次提到「勢」的引導作用，下面就更整體地總結一下「勢」在這鋪壁畫中的運行。

首先，通觀整幅畫面，我們會注意到畫師早已埋伏下的兩條基準線：垂直方向上，發願的薩埵王子的長袍，形成向下的視覺趨勢，指向吃奶的小虎，牠昂首挺胸的姿態表達了重獲生機的喜悅，而小虎腳下就是獻出生命的薩埵。捨身伏地的薩埵就如牢固的基石，將小虎的生命托起，小虎的尾巴在薩埵的胸口輕拂，兩條生命間似有一種默契與溝通。都是視覺的實現，全無一句說教，把發願、捨身奉獻與獲得新生聯結了起來，產生了生死相託的象徵性；水平方向上，右邊捨身刺頸的薩埵，與左邊象徵成佛的白塔的塔基，連成一條直線，將薩埵的捨身與未來的成佛貫穿了起來。兩條基準線，一縱一橫，從獻身到新生，從捨身到成佛，因果關聯，既具有佛教的義理，又建立了畫面的內在視覺框架。「勢」的運行和豐富的細節在這一框架內變得井然有序，意味深長。

另外，我們再看這一縱橫骨架之上「勢」的運行。薩埵舉

手發願、刺頸跳崖兩部分的動勢匯合，傳遞到躺在眾虎之間的薩埵身上，又透過薩埵的身體與手的指向傳到悲悼的王兄，再經由王兄身姿的轉折，來到哀悼的父母，進而曲折繞行至最終的白塔。但一切並未結束，白塔的藍色塔檐又將我們的視線引向塔基的基準線，再次與捨身奉獻相連。處於各個時空片段中的人物在「勢」的作用下彼此關聯，共同構成了對薩埵慈悲精神的完美演繹——對天發願的堅定，刺頸跳崖的決絕，拯救生命的擔當，以及親人經歷無盡悲痛後的紀念讚頌，這一切透過複雜、精確的構圖和造型處理，每個局部既是其自身，又是整體運行力量的一部分，飽含象徵性與精神性，具有強烈的藝術感染力。

畫面中暗含一橫一縱的基準線，從獻身到新生，由捨身到成佛，因果關聯，傳達了佛教的義理，也為畫面紛紜複雜的視覺表現建立了內在的框架與依據

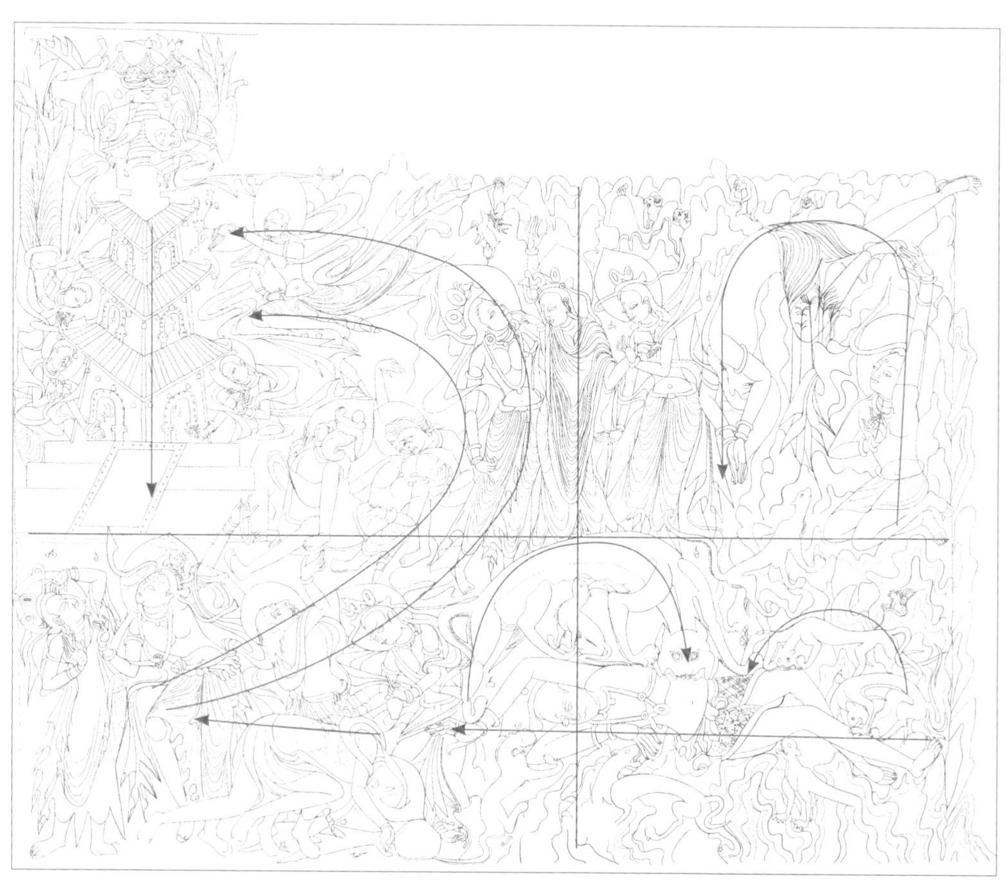

圖中所包含的橫縱關聯之「勢」形成了畫面的「骨」，在此基礎之上，畫面各個部分的「勢」連接匯通，充分展開

這一橫一縱的內在框架，以及圍繞框架展開的「勢」之運行與情感的表現，也讓我們聯想到魏晉南北朝時期另一個重要的美學概念——「風骨」。慈悲奉獻、捨身成佛的義理是「骨」，承擔著畫面的內在凝聚之力，雖然未必能被一下子明確察覺，卻在觀看中發揮統領作用，是那些豐富曲折的情節背後的骨架；而連接畫面各個情節的「勢」，則是情感充沛、負責發揮感染之力的「風」，細膩、跌宕、深入人心。二者統一在作品中，將嚴密的佛教義理與動人的情感表現相結合，呈現出主體人格的崇高之美。

對比所有捨身飼虎的圖像史，從早期西域及克孜爾石窟限於菱形格內的簡化表現，到敦煌後期及中原地區乃至日本的多種樣式，似乎再沒有哪個畫面試圖在一個狹小的空間中建構如此複雜的「勢」，承載如此多彩的形象、嚴密的義理、深邃的象徵與情感，這也正是254窟這鋪壁畫如此為現代觀眾所激賞的重要原因吧。儘管我們無法得知一千五百年前，這位畫師下筆時的全部思緒，也無法了解薩埵究竟帶給他怎樣的內心震撼，不過，他把自己的信仰和情感飽含匠心地凝結在這塊古老的石壁上，讓它穿越千年，至今仍在觀者心中迴蕩。

第三章

北壁

尸毗王割肉貿鴿

畫面中的動靜正反相合之勢，
交匯於尸毗王身上，
再一次讓觀者目睹了人性的慈悲與擔當。

〈尸毗王割肉貿鴿〉在254窟北壁中的位置

看過南壁的〈薩埵太子捨身飼虎〉，我們已經大致了解到一點敦煌254窟壁畫所表現的內容及藝術處理方式。接下來，再來看一幅北壁的〈尸毗王割肉貿鴿〉，它在254窟中與〈捨身飼虎〉南北相對，大小面積相仿，處於同一水平帶上，講述的都是釋迦佛前世的本生故事。中國古代的建築、裝飾非常講究對稱布局，往往會將緊密關聯的內容安排在左右對稱的位置上，因而觀眾欣賞的時候，也要將它們還原到一個整體的環境中去解讀，避免孤立地看待單獨圖像。如果說〈捨身飼虎〉的畫師透過他的高超技藝頌揚了人性的慈悲與擔當精神，那麼〈割肉貿鴿〉的故事又在表達什麼呢？

（右頁圖）〈尸毗王割肉貿鴿〉全圖

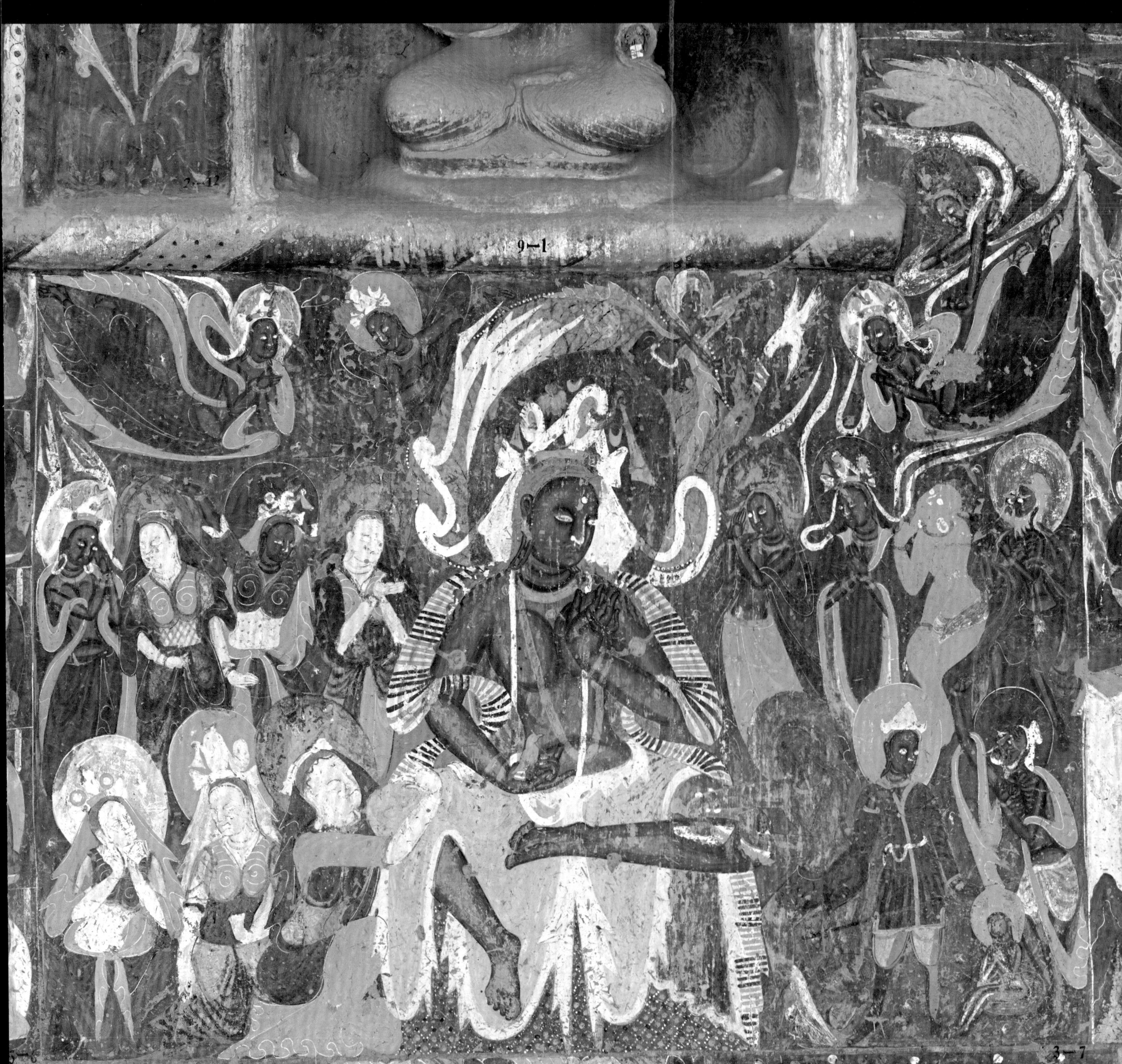
2—12
9—1
3—7

割肉貿鴿的故事與圖像

254窟開鑿前約半個世紀，慧覺等八位來自河西地區的僧人到西域的佛教重鎮于闐求法取經，恰逢五年一次的盛大法會，聚集了大量高僧的講經說法與講唱表演，他們分別將耳聞目睹的內容紀錄下來，並譯為漢語，日後匯總為一部膾炙人口的經文《賢愚經》。這是一部很特殊的佛典，雖名為「經」，但實際上是一部「佛教故事集」，它所收錄的很多故事在敦煌早期壁畫中都有表現，捨身飼虎和割肉貿鴿的故事均在其中。為了便於理解，先讓我們依據經文對尸毗王的故事有一個白話演繹。

在遙遠的過去，一位天神壽命將盡，正在愁苦地尋找未來可以歸依的轉生之地。他仰天長嘆：「當今之世，佛法已滅，也不見行大慈悲的菩薩，我的心該往哪裡歸依？」他的大臣向他建議：「在人世間有一位國王，他慈悲慷慨為眾生，他就是人們所傳頌的尸毗王，未來可以托生到他的國土。」天神將信將疑，決定親自考驗這位國王的至誠。

突然，一隻鴿子猛地飛出，一隻鷹在其後追趕，雙方急墜而下，衝破重重雲層，落到尸毗王身旁。鴿子撲搧著翅膀，因恐懼而淚流盈目；老鷹也追逐而至，雄踞於尸毗王的腳邊。

鷹：「大王，這是我的食物，我已飢餓不堪，請速歸還於我。」

尸毗王：「我發願要庇護一切困苦的眾生，我怎能讓你吃牠，我會給你其他的食物。」

鷹：「大王，我也是眾生之一啊！但我只能吃新鮮血肉，不然我就會餓死。」

尸毗王想，若要救鷹性命，必要害一性命，這不能算作行善事。於是取出鋒利的刀子，從自己的大腿上割下一塊肉遞給鷹，希望以此換下鴿子。

鷹：「大王，何必如此受苦？把鴿子還給我就好了。」

尸毗王：「慈悲與擔當是我的誓言，我不會放棄。」

鷹：「既然大王如此平等看待一切眾生，我雖是一隻鳥，也絕不誆你。你就拿等重的肉與鴿子交換好了。」

尸毗王命人擎秤上殿，將鴿子放上一邊的秤盤，然後將割下的肉放在另一邊的秤盤。可是，無論如何，割下的肉都無法與鴿子等重。大腿的肉割光了就割兩臂兩肋的肉，直到渾身的肉都割盡了還是不能使秤平衡。這時，大王站起身來，打算整個人坐到秤盤上去。可肉體的痛苦已令他氣力不濟，一下子癱倒昏迷在地，過了好一會兒才甦醒過來。他責備自己：「我從久遠劫來，在生死六道中徘徊，周而復始，停滯不前。現在正是勇猛精進的時刻，怎麼可以懈怠、遲疑呢！」於是他拚盡全力，坐在秤盤之上，終於達成心願，滿懷欣喜。在天地的震動中，秤盤兩邊平衡了。天人們在虛空中見到尸毗王行如此難行之事，紛紛淚如雨下，撒花朵供養。

天神和大臣也從鷹和鴿子變回原形，向尸毗王發問。

天神：「你這樣做是要追求什麼？是想成就來世的名譽、權力和地位？」

尸毗王：「我以慈悲的布施，為了成就覺悟的道路。」

天神：「你的痛苦徹入骨髓，你的身體戰慄不停，你的氣息微若游絲，你對自己的慈悲之舉有悔恨之意嗎？」

尸毗王：「我從決意庇護所有困苦眾生之時起，便無絲毫悔意，如果我所求的覺悟之道至誠無虛，請以我的身體為證，我的身體將復原如初。」

在天人們的讚嘆中，尸毗王的肉身復原如初，甚至更有光彩，更加美好。

尸毗王便是釋迦牟尼佛的前世，為眾生不顧身命，終於證成菩提，修得佛法。

和捨身飼虎的故事一樣，尸毗王割肉貿鴿的故事同樣包含了人們對慈悲與意志力的極限想像，引發人們對於捨身奉獻精神的歌頌與讚嘆，在中外佛教圖像史中被廣為表現。而各地對同一主題的不同取捨處理，也折射出絲路上豐富多元的美學傳統。

在印度阿旃陀石窟中，尸毗王從容與眷屬和孩子辭別，輕輕扶著秤盤的繩索，一腳跨入秤盤，一手伸出，正給予眾人以離別的祝福。他目光上視，似乎越過了人群哀傷的視線，看向遠方，頗具英雄氣概。

犍陀羅地區的石雕，受希臘藝術影響，更注重「客觀世界」的再現。在這塊石雕上，尸毗王被安排在畫面的邊緣，展現出他所承受的困境：試煉他的天神注視著他，而此刻，尸毗王正因肉身的痛苦而癱坐椅中，他的一隻手無力地垂在椅子邊緣，另一隻手則扶著眷屬的背部，似乎正要努力抬起頭，去呼應天神的目光，兌現並未消泯的誓言。他肉身的痛苦與精神的頑強，令人印象深刻。

新疆克孜爾地區的〈割肉貿鴿〉圖像比較簡略，只在菱形格的畫面中繪製出最簡約的場面。

敦煌北涼275窟的〈割肉貿鴿〉，在一字展開的橫卷式構圖中，順序表現了尸毗王從割肉到坐上秤盤的時刻，有助於信眾了解故事的要點。

而254窟的〈割肉貿鴿〉，尸毗王居於中央，突出醒目，在比例上遠大於周邊其他人物。畫面中很多細節都透露出來自西域圖像的影響，例如尸毗王身披的條紋狀織物，類似印度阿旃陀石窟壁畫；而尸毗王的坐姿，也可在遙遠的印度找到源頭，印度一件石雕中的尸毗王坐姿與254窟的表現猶如鏡像，十分相似。可是，我們眼前的這鋪壁畫卻在飛揚的動態中特具一種內在秩序與莊嚴儀式感，它又具體使用了怎樣的繪畫語言來向觀眾講述這個被反覆講述的故事呢？

犍陀羅地區的石雕

印度阿旃陀石窟

北涼 275 窟尸毗王

新疆克孜爾石窟

局部一：試煉與考驗

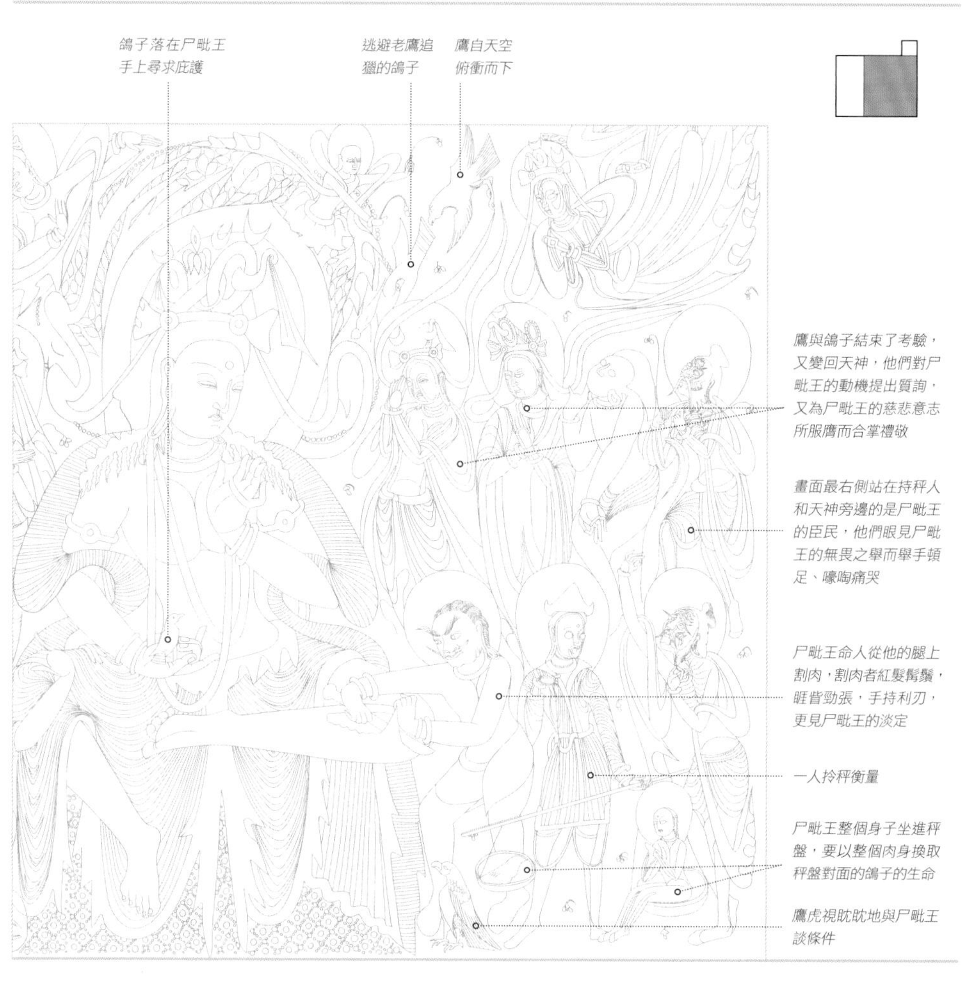

這鋪壁畫將不同時刻發生的事情組織在同一幅畫面裡：鷹從天上俯衝而下，小鴿子落在尸毗王手上尋求庇護；尸毗王讓人從他的腿上割肉，鷹則立在腳邊與他談條件；一人拎著秤衡量，尸毗王整個身子坐進秤盤，即將與鴿子等重；鷹與鴿子結束了考驗，又變回天神，他們對尸毗王的動機提出質詢，尸毗王再次表達了為救度眾生縱死無悔的決心，誓言應驗，肉身恢復圓滿如初，天神合掌向他禮拜。

3-7

畫面對故事的鋪陳都圍繞尸毗王展開，他既滿懷慈悲之心發願要搭救鴿子與鷹的性命，又不惜一切代價履行諾言坐上生命的天秤，既是在捨身，又是在接受考驗和質詢，最終，順著天神注視目光的引導，全畫的重點落回到尸毗王竭誠奉獻和求法護生的堅定信念上。《賢愚經》開篇的六個故事，都特別突出釋迦在歷生歷世積累善行的過程裡作為奉獻者的發心與願力，只有具備了利益眾生的博大願力，修行者的奉獻行動才更有意義，秉持善道的人們一定要克服各種意義的危機，才能成就真正的愛與善，否則僅憑蒙昧昏聵之善是無法達到佛教強調的解脫彼岸的。大臣勸天神投往尸毗王之國，必是已經知道他「志固精進，必成佛道」，但天神堅持先要試一試，才能確定他是不是至誠。大臣說，像這樣的菩薩應該好好供養，不應該以難事加苦，但天神認為，這並非存心加害，而是要看他在最艱難的時刻是否真能通過考驗，所謂真金不怕火煉。這種試煉真金的目的，讓我們想到了捨身飼虎壁畫中薩埵關於生死的自我對視與問詢：「付出生命，你後悔嗎？」「你這樣做是為了什麼？」畫中形象雖然沉默無語，但畫師卻透過富有意味的造型讓他做出了最好的回答。

254窟所繪尸毗王的坐姿十分微妙。首先，他身體當中蘊涵著內在的水平線與垂直線，重心很穩。尸毗王胸前本有一條斜向的飾帶，順著他倚側的身姿向右擺動，但畫師感覺這樣不夠穩定，於是又飽蘸色料，肯定地繪出另一條垂直方向的飾帶，與水平盤起的左腿構成直角，求救的小鴿子正好落在兩條直線的交匯處，被大王的掌心輕柔托起，準確傳達出尸毗王庇護生命的堅定信念。然而，他並非僵直地坐在那裡，他垂首含頜，上身微傾，頭、頸、肩的關係處理得恰到好處，仰一分則顯自傲，低一分則顯自憐，在篤定莊嚴中又透出一種從容淡然。這樣的姿態在日常生活中難以隨意做出，因而更具有昇華後的儀式感。

尸毗王的眼簾垂向斜下方，一直將觀者的視線帶到畫面右下角，在那裡，尸毗王正雙手合十，全力坐上秤盤。尸毗王俯視的目光如同望著過去捨身的自己。與彰顯佛性之慈悲與堅定的偉岸坐姿相比，犧牲的肉身被處理得非常微不足道。畫師並沒有突出表現故事中的這一核心情節。古埃及壁畫中也有透過天秤來權衡生命價值的圖像，那是為了保佑亡靈永得安息；尸毗王主動坐上秤盤，卻並非是為了個體的利益，而是要去幫助一切眾生。也正因如此，他終於以其慈悲之心與堅定信念通過了天神的考驗，使得秤盤向他這一側傾斜過來。

局部二：眷屬的勸挽

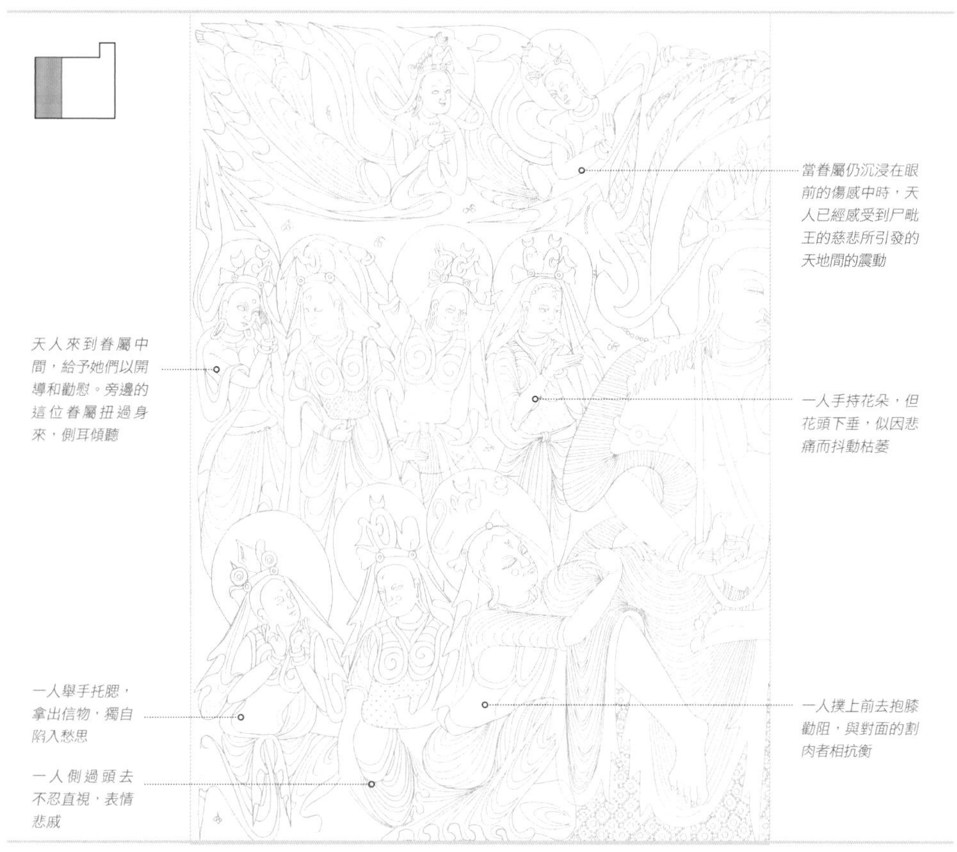

畫面左側中下部六位著龜茲裝的女性是尸毗王身邊的眷屬，她們同處於悲痛之中又有著各自不同的身體語言與內心活動，或雙手托腮，或上前挽住尸毗王的膝蓋。上排最靠近尸毗王的一位家眷手持鮮花，但花頭已經下垂，似因悲痛而抖動枯萎，一向運筆穩健的畫師有意將花枝的線條畫得顫動不已，生動地將人物的內心情感外化出來。畫面最右側站在持秤人和天神旁邊的是尸毗王的臣民，他們眼見尸毗王的無畏之舉，也是舉手頓足、嚎啕痛哭。當凡人們還都沉浸在眼前的傷感中，天人們卻感受到尸毗王的慈悲所引發的天地間的震動。最左側的天人來到眷屬中間，給予她們以開導和勸慰。旁邊的這位眷屬扭過身來，側耳傾聽，彷彿正在領會尸毗王捨身的真意。

9–1

「勢」之相合

與對面的〈捨身飼虎〉一樣，〈割肉貿鴿〉與上方佛龕結合處也有一塊高出規則矩形的畫面，〈捨身飼虎〉利用這一部分繪製了高起的白塔，而〈割肉貿鴿〉利用這一部分繪製了從天而降的飛天。佛經中描述，尸毗王通過考驗後所割肉身復原如初，天地都為之震動，諸天人翩然而至，奏響樂音，撒下花雨，空中滿是香氣。畫中飛天的翩翩身姿與裙帶，將自上而下的動勢傳遞給俯衝疾飛的鷹和鴿子，聚焦到尸毗王身上；而尸毗王倚側的頭和上身先是給這一股強烈的動勢讓出空間，又透過彎折的手臂和腿膝將其順勢轉到畫面下方秤重的場面。

面對全幅的布局時，這種動靜之勢間的融合與轉化就顯得更為清晰了。借助現代紫外線觀測，尸毗王的裙裾上已經褪色的部分呈現出繁密而波動的衣褶，它們與畫面上半部那些飛動激盪的形象相連，形成一個倒三角形；而以尸毗王的寶冠為中心頂點，以最下排人物為底邊，又可以看到一個穩定的正三角形，人物的目光仍是銜接畫面的潛在聯結：挽腿的眷屬哀婉地注視著中央的尸毗王，而尸毗王則鎮定地注視著自己的右下方。畫面中的兩個三角形，一靜一動，一正一反，交集於尸毗王的身上，既從容鎮定又激昂飛揚，將動靜之勢完整地關聯起來，成功塑造出一位既在痛苦中戰慄，亦因慈悲之心而無怨無悔的人物形象。這位尸毗王將生命的價值權衡把握在自己手中，超越了權勢、財富對人的標記，再一次讓觀者目睹了那超脫個體小我、聯結眾生和宇宙的力量——人性的慈悲與擔當。

〈尸毗王割肉貿鴿〉
「勢」的分析圖

第

章

南壁

釋迦降魔成道

畫師將攻擊的魔眾與鎮定的釋迦並置，
充滿力量與意志的較量。
表現了釋迦在修行的關鍵時刻，
透過慈悲、智慧與意志，降伏心魔，
最終悟道成佛的故事。

〈釋迦降魔成道〉在254窟南壁中的位置

釋迦牟尼本是古印度迦毗羅衛國的太子，生而榮華，享有富貴，過著無憂無慮的生活，但卻在出遊城門時看到生老病死諸種人生的苦相，對生命的價值和意義產生懷疑。他立志要為眾生尋找解決之道，於是摒棄繁華、離宮出家，隱入山林獨自苦修，經過漫漫六年，身形羸弱不堪卻仍不得其解。之後，他放棄苦修，恢復了精神和體力，來到一棵高大的菩提樹下，凝神定思，靜坐冥想，並立下誓言，必要成解脫道。然而，就在悉達多太子即將證悟之時，太子的修行驚動了象徵世間欲望的魔王波旬（Mara），他擔心太子一旦得道，眾生必將皈信，世人若離利欲，自己的國土便會蕩然無存。趁著悉達多慧眼未開，魔王帶領三個女兒及魔軍把太子團團包圍，先誘以權力，又以魔女挑逗，繼而動用武力，希望可以消磨他的意志阻礙其成道。但太子依然靜坐，毫不動搖，經受了權欲、情欲、貪欲的考驗，終於戰勝了魔王，成等正覺。這是人類精神史上的一段傳奇歷程，它跨過漫漫絲路，來到古老的敦煌，被繪製在敦煌莫高窟第254窟的南壁，距今已有一千五百多年的歷史。畫面表現了悉達多，也就是未來的釋迦牟尼佛，在修行的關鍵時刻，透過慈悲、智慧與意志，降伏心魔，最終悟道成佛的故事。

（右頁圖）
〈釋迦降魔成道〉

降魔成道的故事與圖像

記載降魔成道這一事件的經典比較豐富，北朝期間就有《佛說觀佛三昧海經》《過去現在因果經》《佛所行贊》《普曜經》等，這些經典在254窟開鑿之前都已經被翻譯出來，並且都有一定程度的流行。儘管各版本的具體情節略有不同，但所有故事的重點都集中在魔王率領魔眾對菩提樹下禪坐的太子發起輪番攻擊，但悉達多始終鎮定自若、不慌不懼、從容應對。無論魔女施以美色誘惑，還是魔軍使用武力攻擊，都被悉達多以禪定、智慧和慈悲化解。最後，魔眾潰不成軍，武器被折斷，一切的攻擊都被阻滯，花束從折斷的武器中生長出來，花朵也從空中瓣瓣飄落，原本充滿魔眾們嗔恨、貪婪與愚痴的烈焰的空間被轉化得祥和、安定而美麗，魔眾們大受震動，紛紛降伏，而悉達多也經受住了關鍵的試煉，證得覺悟。

降魔成道的題材同樣擁有漫長悠久的傳播歷史。如果我們將目光投向漫漫絲路，便會發現，沿著佛教東傳的路線，存在大量降魔成道圖像，從炎熱的中南印度開始，再來到群山環抱的犍陀羅地區，之後又跨過帕米爾高原，跋涉過漫漫戈壁，進入中國的廣大地域。我們可以看到佛教美術跨越千山萬水所發生的有趣變化，看到古代匠師從文化、審美、技巧等方方面面出發對這一主題進行的不同塑造。這期間，〈降魔成道〉畫面的構圖方式並不像〈捨身飼虎〉那樣發生了截然迥異的多種變化，而是基本保持一致，都是悉達多居於中央，周邊為魔眾圍繞的中心對稱式構圖。現存較早的印度桑奇大塔石雕上，雖然佛像還沒有直接被表現，而是用佛塔等來象徵，但其中心式構圖的原則已經確立。爾後，從印度佛教藝術的傳播之路來

現存較早的印度桑奇大塔的降魔成道圖，其中的魔眾以印度土著為原型，表情怪態百出，滑稽詼諧

印度地區的魔眾（龍樹山考古博物館藏，三世紀）

看，降魔成道的中心式構圖以其強烈的對抗性與表現力，一直廣為流傳，成為一種經典構圖方式。不過，若具體到對魔眾的表現，各地的圖像卻千差萬別。印度的魔眾以南亞的土著民族為原型，詼諧滑稽，身材短小，攻擊時怒目圓睜，誇張地手舞足蹈，做出一副恐嚇的姿態，失敗後又驚慌失措地逃跑，彼此撕咬、踩踏，笑料迭出。犍陀羅地區的佛教藝術受到希臘風格的影響，魔眾的形態寫實，動態變化都不大，匠師似乎更關注緊張對峙的瞬間，有一種大戰前的寧靜肅穆。新疆地區壁畫中的魔眾，大多延續了西域來的風格。而254窟壁畫中的魔眾，卻與西域傳統不同，更多吸取了中國本土文化的元素。這鋪壁畫在不到2坪的壁面上，繪製了六十一個形態各異的人物形象，力量感十足，透過悉達多與魔眾的強烈對比來營造畫面的整體之勢，兼備喜劇的嬉鬧感與深沉的精神內涵，是一件佛教美術史中的精品。下面，就讓我們透過這古老的壁畫，去體驗悉達多生命中的困頓與覺醒，去探求人類精神深處的自我對立與覺悟契機。

犍陀羅地區的魔眾動態變化甚小（三一四世紀）

犍陀羅地區的降魔成道圖，魔眾們似乎被震懾住，反映出希臘化的寫實風格與強調肅穆的審美取向

局部一：釋迦

與另外兩鋪壁畫中的薩埵和尸毗王不同，作為核心人物的悉達多穩居畫面中心，他正處於禪定狀態，結跏趺坐，右手直伸下垂，施「觸地印」，這是佛陀成道時所結的印相，意為「請大地作證」，可降伏一切妖魔。

面對魔眾的攻擊，他從容不迫，也不需要任何武器，救度眾生脫離苦海的大誓就是他身披的鎧甲，無私奉獻奮不顧身的大我就是他手持的彎弓，明瞭因緣圓滿覺悟的智慧就是他鋒利的寶劍。財富、權力、美色這些人間的欲望都不能使他動搖。他看到，嗔恨之火必將反撲己身，而貪婪鑄就的繁華轉瞬即逝，我們的生命絕非為此而來。

悉達多在深深的靜觀中見到了所有的眾生，那些本為至親至愛的人，卻在生命的流轉中為心魔所困，彼此相忘，陷入相互掠奪、殺戮與奴役之中，他為此感到深深的悲憫。他初次見到人生的痛苦時，曾無助地離開，現在他終於明白，只有直面內心，才有解決之道。「請大地作證，為了找到真正的自己，不受貪婪、嗔恨與愚痴所蒙蔽的自己，我絕不退縮。」宇宙壯闊，天地靜美，慈悲、智慧與意志是生命的源泉，它來自大地，來自眾生，啟發每個人生命中本有的智慧與信念，終將匯成宏偉的力量。

最終，悉達多降伏心魔，完成了最關鍵的考驗，被尊稱為釋迦牟尼佛。他身後的背光充盈而圓滿，坐姿呈穩定的三角形，莊嚴挺拔，一團花樹在背光頂端勃勃綻放，天人跪坐其間，傳達出佛陀獲得證悟的喜悅。

局部二：魔眾

攻擊的魔眾

猶疑的魔眾

臣服的魔眾

與其他地區的圖像相比，254窟的降魔成道對魔眾的表現極為突出。經文描寫的魔眾千奇百怪、形象各異，手持刀、劍、戟等各類武器，向悉達多發起震天動地的攻擊。254窟的畫師非常有創造性地表現出了魔眾們豐富的形象與心態。畫面上的雙頭怪，如經文所言，將頭一而再、再而三地膨脹、分化，正是畫師的匠心獨運，創造出這個欲壑難填的形象來象徵無盡的貪欲。骷髏怪雖形容枯槁，但卻七竅出火、怒氣沖天。愚痴之狀更是瀰漫在魔眾之中，籠罩四野。在「貪、嗔、痴」三毒的統攝下，魔軍兵將們各逞其能，包圍著悉達多。一對魔軍士兵前後配合，張弓搭箭，眼睛瞪得如牛鈴一般，怒視著瞄準悉達多。白象怪雙臂環抱一塊大石，要劈頭砸下，而鼻子則捲住一把短刀揮舞得簌簌生風，

魔軍

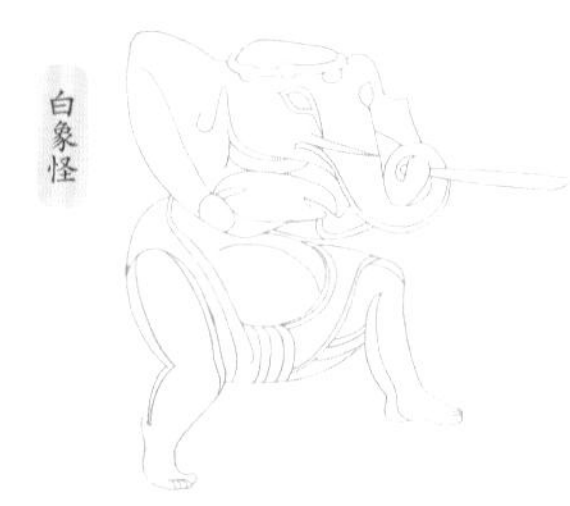

持蛇怪

手、鼻並用的攻勢凌厲無比。持蛇怪手中的長蛇從他的耳朵鑽入，然後又從嘴中吐出，一種扭曲、陰鬱的情緒控制著他，裹挾著他發起攻擊。還有一個魔怪舉起大山要砸向悉達多，似乎萬仞高山亦不敵他的蠻力。更有持長矛的虎頭怪，張目吐舌，全部的力量彙集一端，刺向悉達多。湧動的魔眾中，除了著鎧甲的人形魔軍，還充斥著牛頭、馬面、骷髏、熊首、鹿首、羊首、鳥首以及眾多難以叫出名字的怪獸。畫師在塑造這些想像當中的形象時，更多吸收了漢魏以來中原本土生動活潑的造型傳統，比如那些拚盡全力一搏的魔眾，身體緊繃，反身發力，整個動勢成一條弧線，將力量灌注於一端，這與西漢馬王堆漢墓中神怪的繪製方式如出一轍；另一組魔眾兩腿一前一後發力（圖見231頁），其姿態與漢代畫像石上對力量與速度的表現也十分相似。

悉達多則猶如處於獸群中的獅子王，安靜寂默，毫無怨恨，他同樣悲憫地看到：這些魔眾亦為自身的貪婪、嗔恨與愚痴所困擾，所以由衷地希望能助他們一臂之力解脫束縛。正如經文所言，悉達多從容地看待這些魔眾，如同在看一群無知喧鬧的頑童。魔眾洶湧的攻勢在悉達多的覺悟之光面前戛然而止，徒勞無功，抱著的石頭舉不起來，舉起的也不能砸下，刀槍劍戟都不能揮刺出去，凝滯不動，反傷自身。魔眾們瞠目結舌，猶疑、恐慌，露出各種令人捧腹的神情，有的倉皇失措，狼狽不已，在逃遁中跌撞在一起；有的還心有不甘，儘管臉上一副張牙舞爪的樣子，但腹部的表情已經透露出他的沮喪與疑慮；有的似乎醒悟了，陷入了沉思；有的已經開始懺悔，丟盔棄甲，跪拜於悉達多面前。隨著驅使魔軍進攻的嗔恨被逐一化解，天空中撒下花雨，畫面上方一株菩提樹勃勃生發，象徵經歷這場歷練之後，所有生命的新生。

攻擊的魔眾

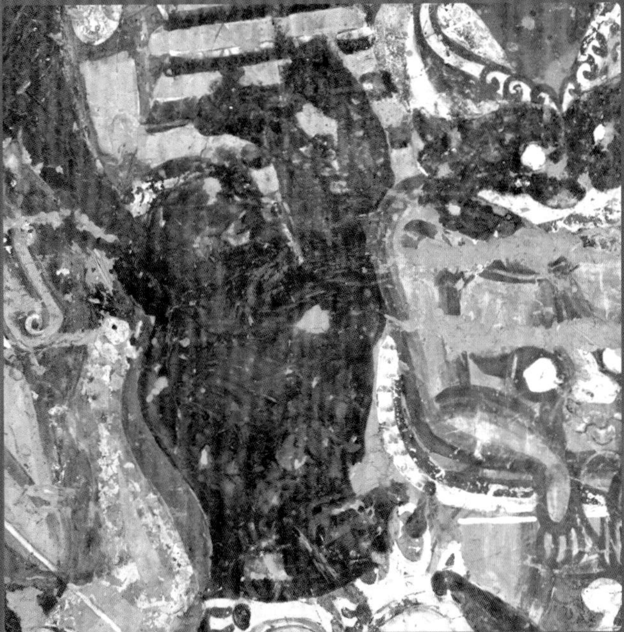

攻擊的魔眾

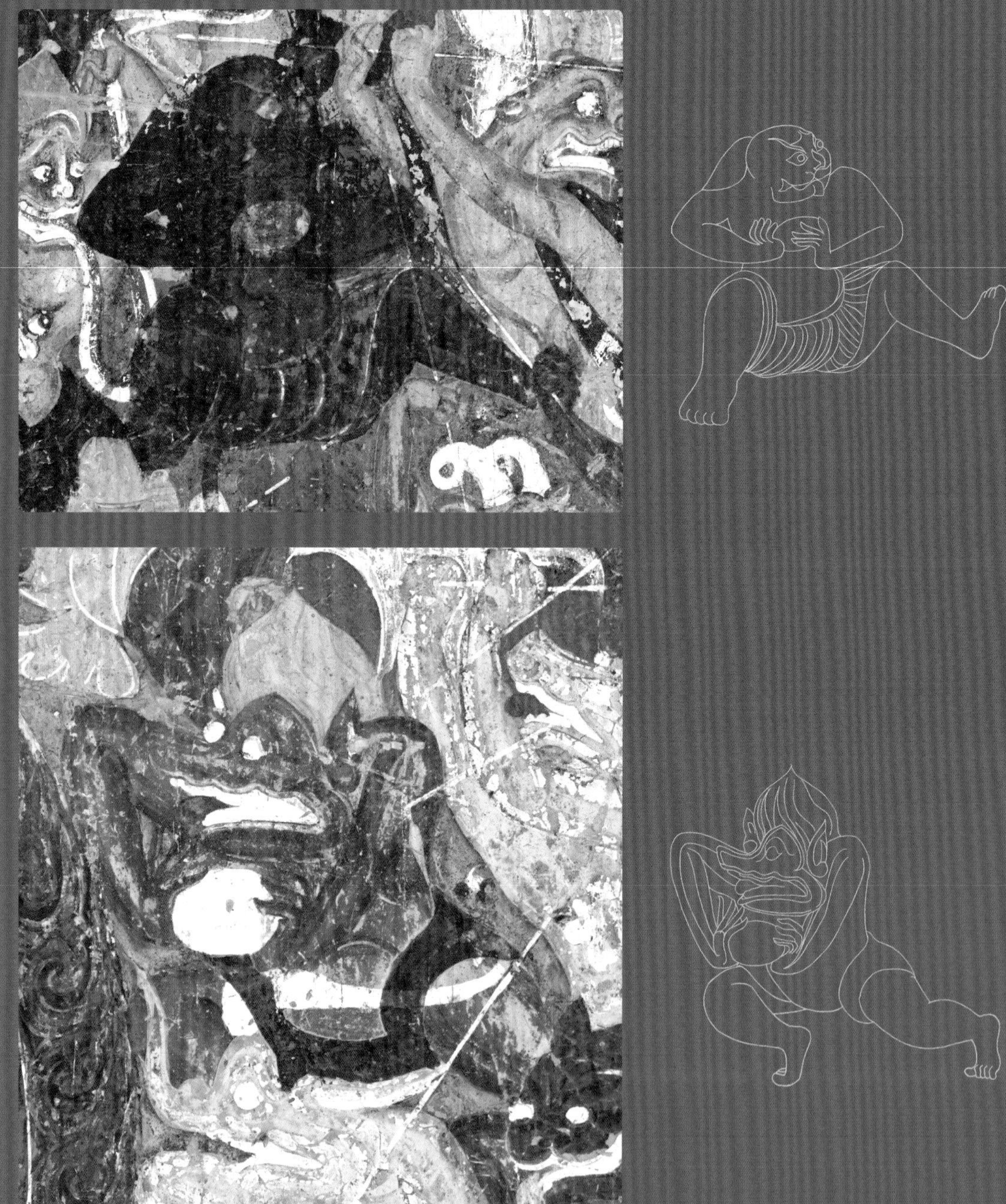

攻擊的魔眾

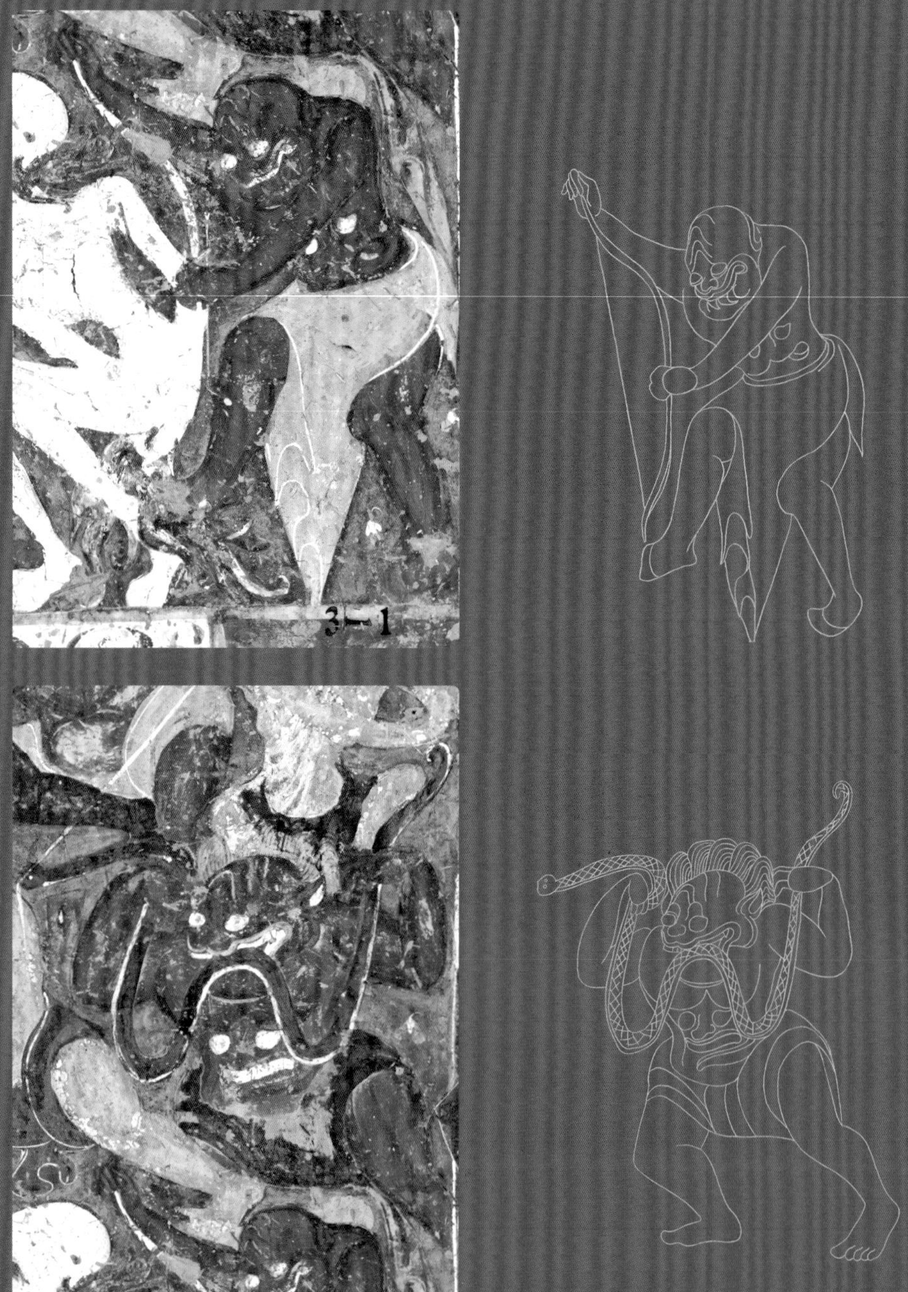
3-1

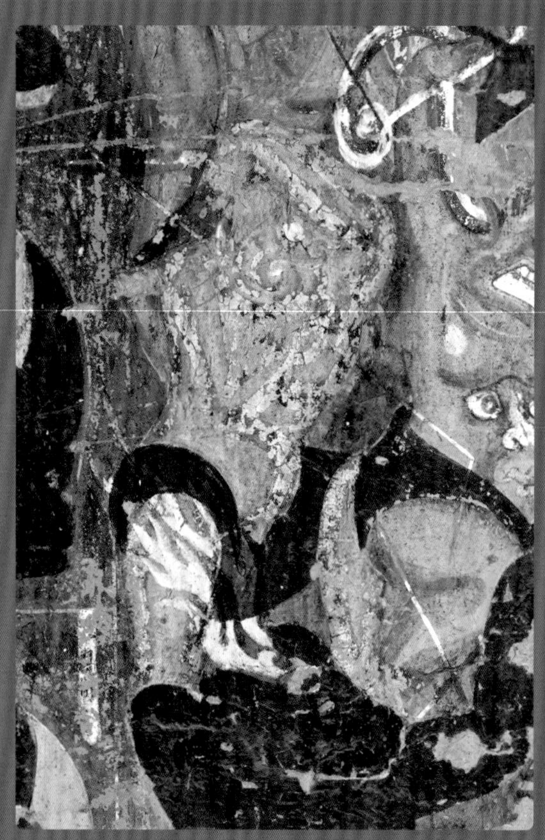

潰散的魔眾

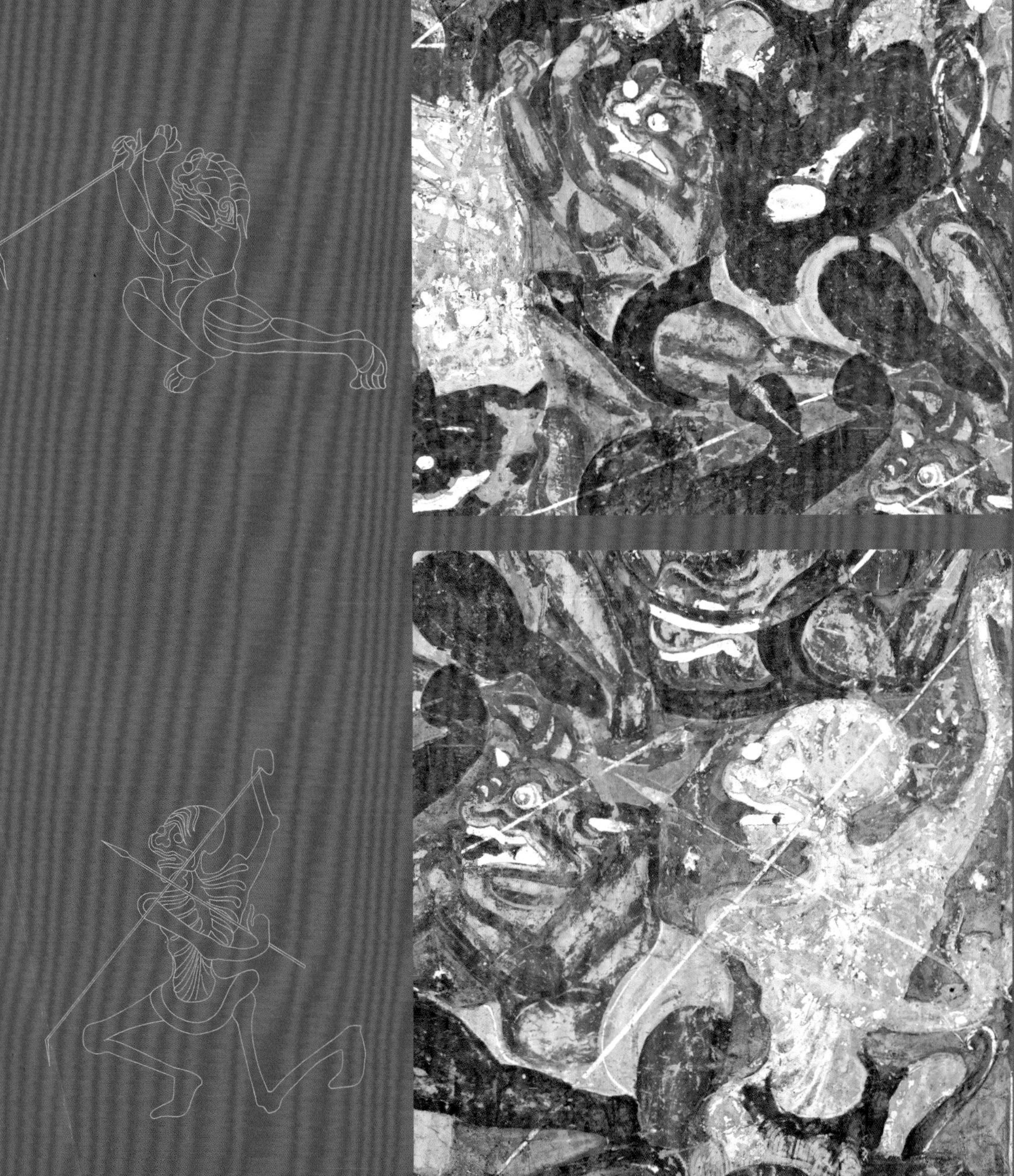

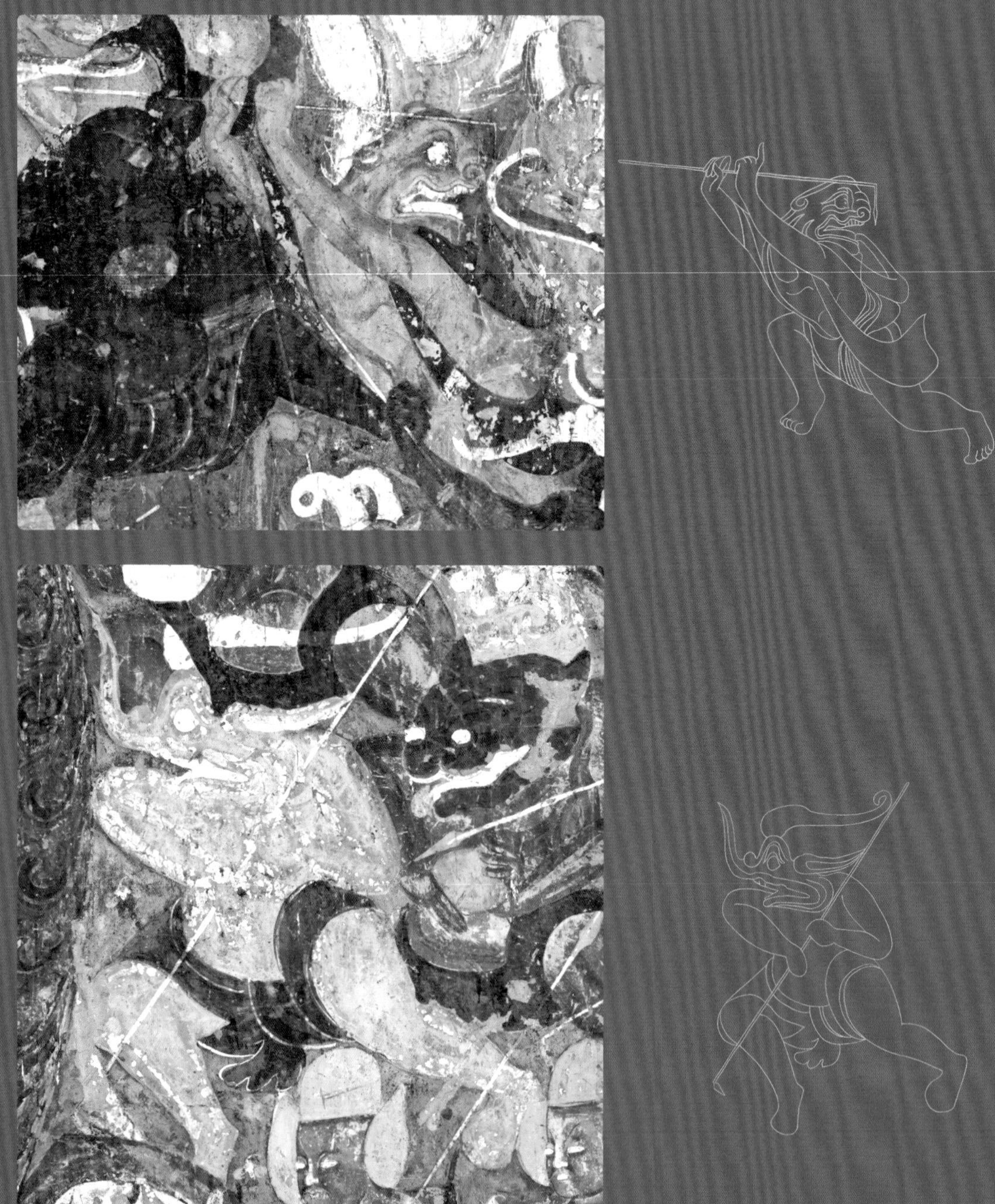

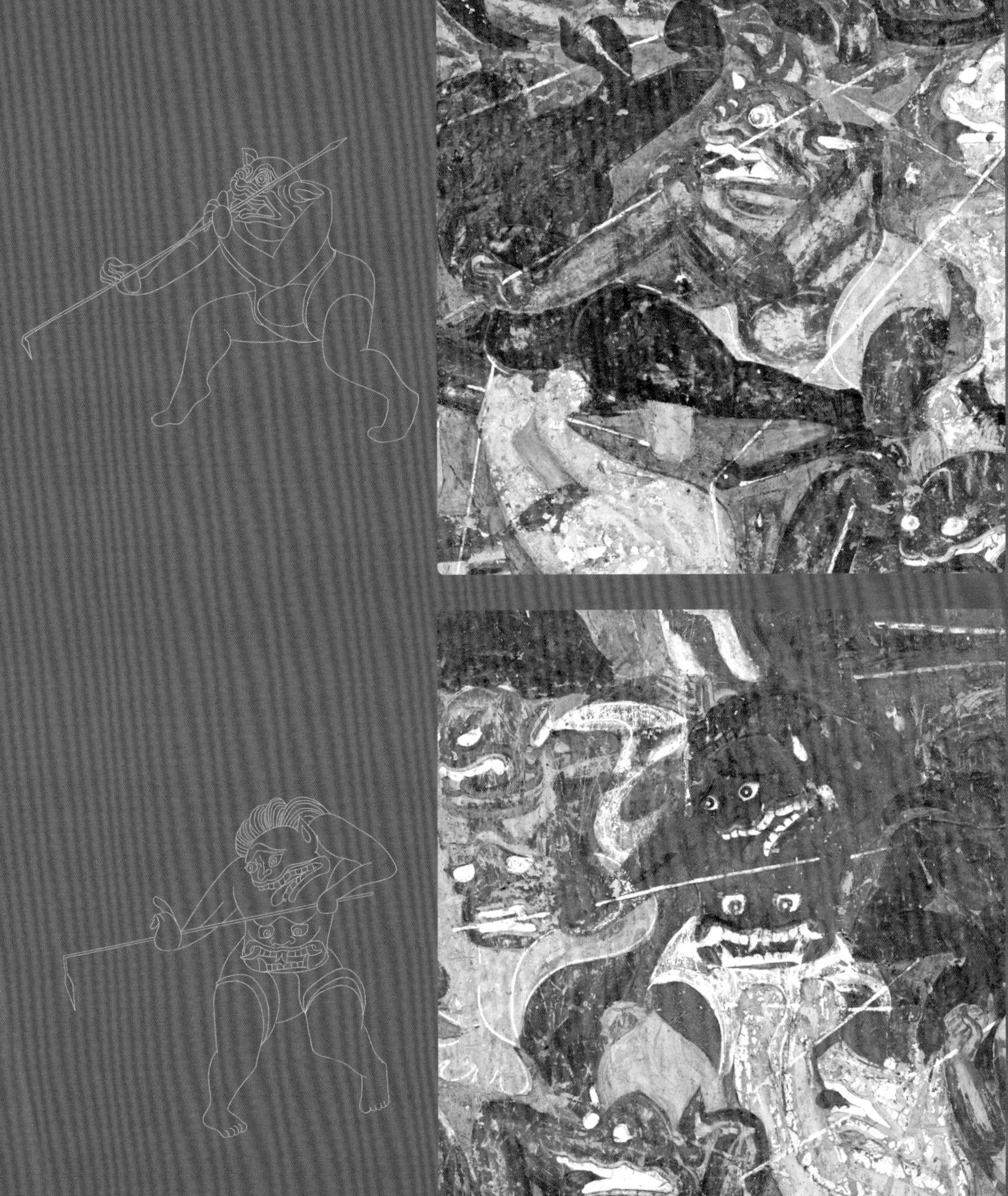

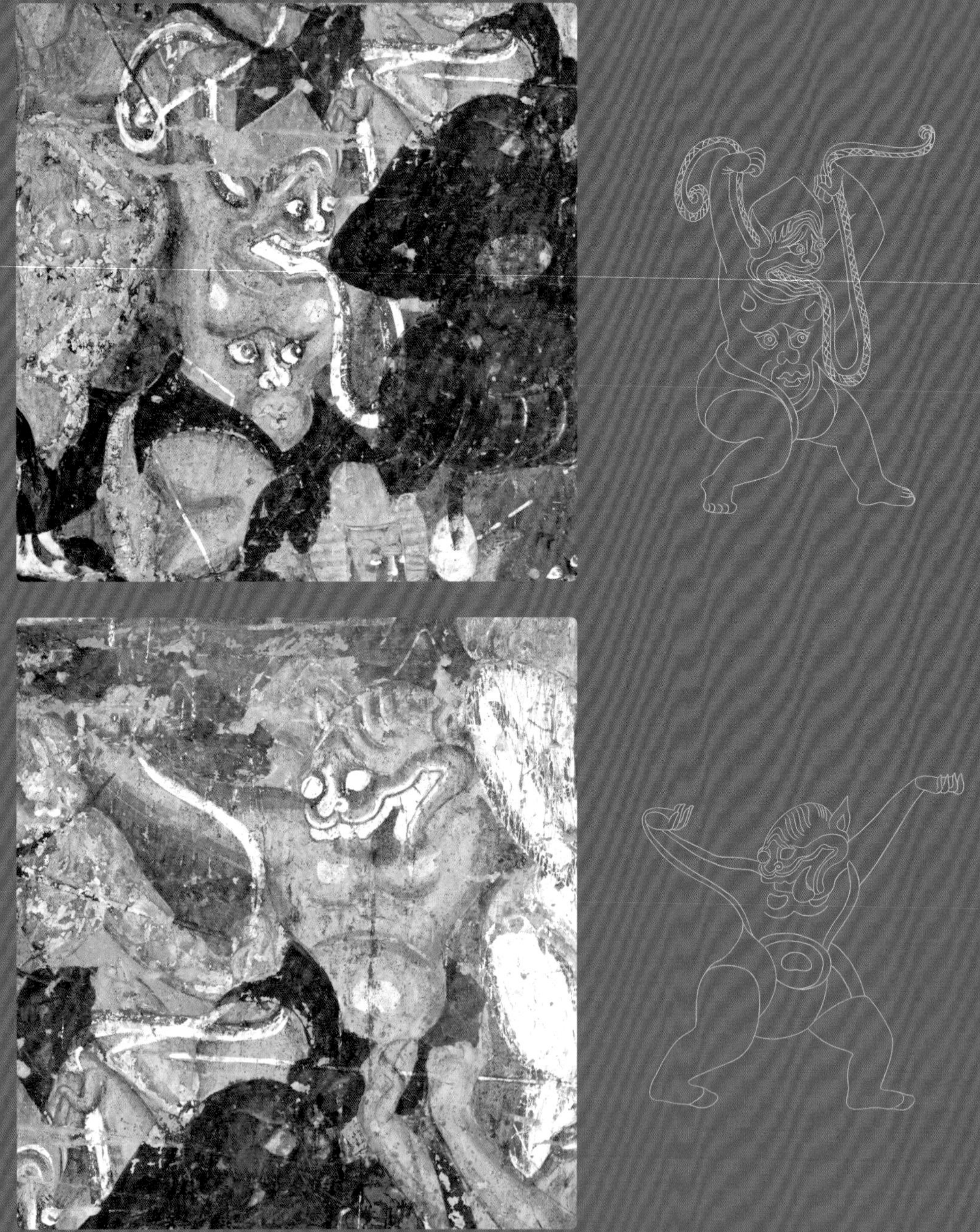

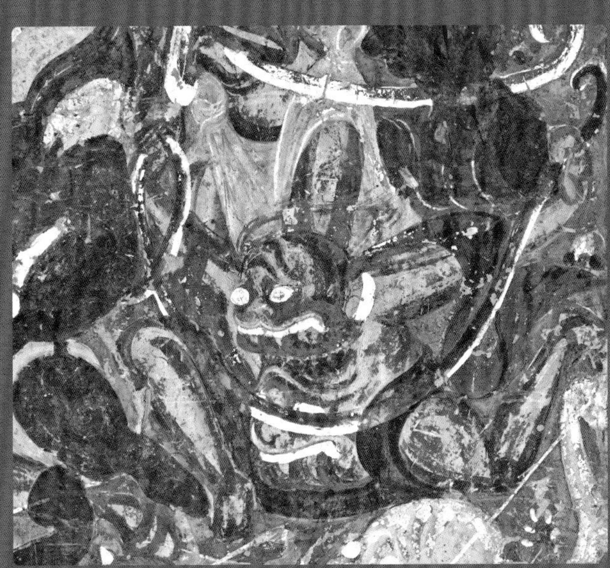

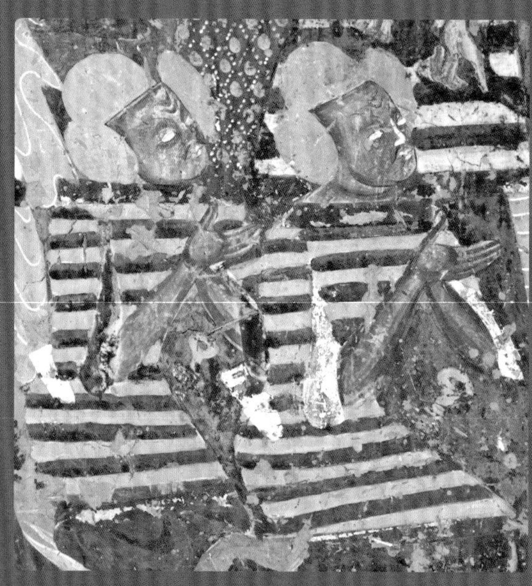

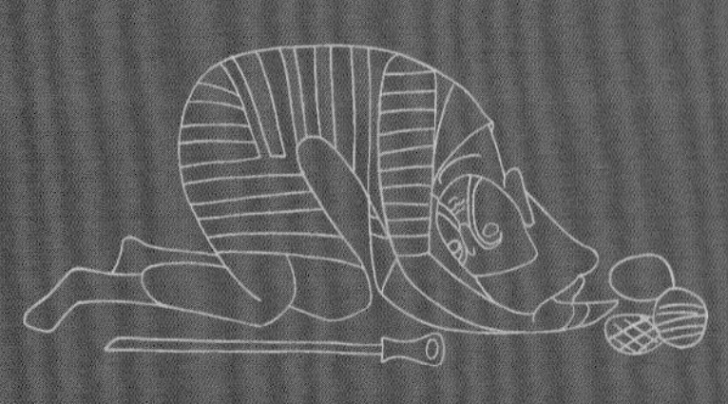

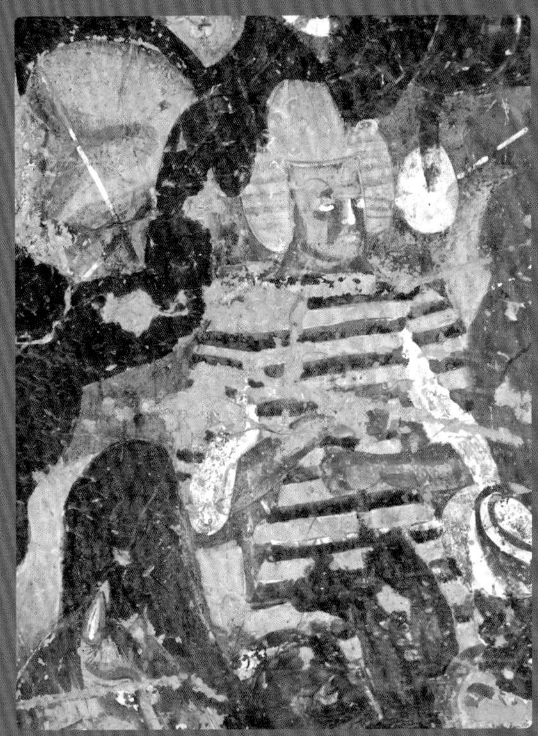

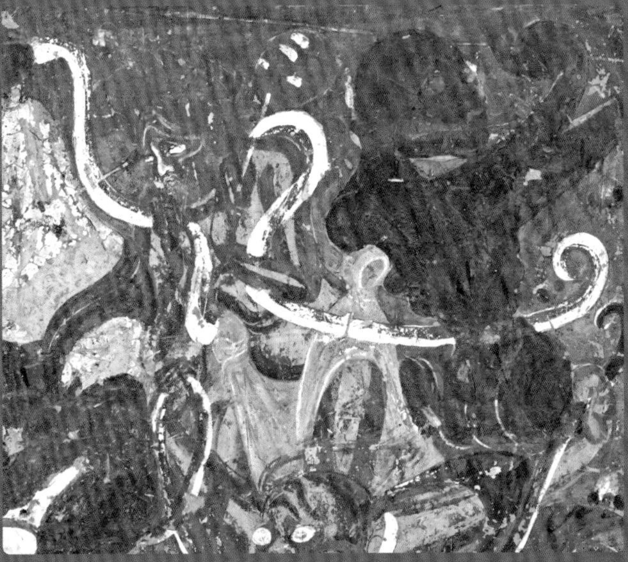

局部三：魔女

（右頁圖）
〈降魔成道〉
中三位年輕魔
女與老年魔女
的戲劇化對比

在降魔成道的畫面中，最為生動的情節是三位自恃貌美的魔女，試圖以美色誘惑，悉達多非但不為所動，反而向魔女示現了歲月因緣，年輕貌美的魔女瞬間變成年老色衰的模樣，在畫面中極富前後對比的戲劇性。

印度地區的魔女（阿旃陀第1窟線描，約六世紀）

犍陀羅地區的魔女（二－三世紀）

克孜爾第76窟的魔女（約三世紀末）

各地區的魔女因氣候與文化的不同也表現出很大差異。在印度地區，天氣炎熱，魔女袒胸露體，並不注重姿態的細緻刻畫；而雪山腳下的犍陀羅地區受希臘文化影響，魔女衣裙寫實，已經具有一些動態，但這一地區表現魔女的作品很少，主角還是魔軍，也尚未出現青春與衰老的對比場景；在新疆克孜爾第76窟，出現了年輕的魔女與老年的魔女，但老年魔女依然信心滿滿、勁頭十足地踞於佛側，似乎並不甘心就此認輸。

〈降魔成道〉254窟中三位年輕魔女的細節，勾肩搭背，眉目傳情

而254窟中魔女的表現更加細膩，年輕魔女利用她們的身體語言，勾肩搭背，眉目傳情，彼此調笑，故作嬌羞，又步步趨近，香氛縈繞，衣裙搖曳。這種極為生動的表現如果單憑想像或觀察日常生活都很難盡數得到，應是畫師充分借鑑相關佛經的描述，之後又綜合創造的成果。佛典以其生動多姿的描寫、反覆的迭代、豐富的意象為華夏文學帶來極大觸動。在講述降魔故事的《普曜經》中，魔女們被賦予了三十二種「綺言作姿」去誘惑，其中相當一部分的描寫頗具視覺表現力：「一曰張眼弄睛，二曰舉衣而進，三曰言口並笑，四曰輾轉相調，五曰現相戀慕，六曰更相觀視，七曰姿弄唇口，八曰視瞻不端，九曰嫈媜細視，十曰互相禮拜，十一以手覆面，十二迭相捻握，十三正住佯聽，十四在前跳蹀，十五現其髀腳，十六露

欲趨前誘惑的魔女，她的身體動態線前趨，生動呈現了「舉衣而進」的動態

其手臂，十七作鳧雁鴛鴦哀鸞之聲，十八現若照鏡，十九周旋出光，二十乍喜乍悲，二十一乍起乍坐，二十二意懷踴躍，二十三以香塗身，二十四現持寶瓔，二十五覆藏項頸，二十六示如閒靜，二十七前卻其身遍觀菩薩，二十八開目閉目如有所察，二十九俾頭閉目如不視瞻，三十嗟嘆愛欲，三十一拭目正視，三十二遍觀四面舉頭下頭。」畫師塑造形象時，這些描寫會給予他們多少直接的指導和啟發？我們注意到，畫面上的三位魔女，左邊的二位勾肩搭背，「輾轉相調」「視瞻不端」「姿弄唇口」「以手覆面」「露其手臂」，最為靠近菩薩的魔女則利用了身體的動態線關係，將肩與胯都微向前傾斜。我們知道，當人體穩定站立時，肩與胯是反方向的，這樣身體的趨勢線會穩定地落下；而畫師塑造的年輕魔女，身體重心處於遞出狀態，恰對應了經文「舉衣而進」「意懷踴躍」的描寫。畫師巧妙地選擇了這個姿態，塑造出這個魔女趨步向前、獻媚誘惑的生動瞬間。

動態線斷續曲折、萎靡不振的老年魔女

而當三位魔女被佛變老後，《過去現在因果經》提供了生動的描述：「時三天女，變成老姥，頭白面皺，齒落垂涎，肉消骨立，腹大如鼓，柱杖羸步，不能自復。」這些文字或許也深深啟發了254窟的畫師。與另一側志得意滿的年輕魔女向前遞出的身體動態線正相反，這三位老魔女的身體動態線被她們低垂的頭頸、隨意張開的胳臂、扭動的腰與胯、彎曲的膝蓋劃分得斷續曲折，魔女們的萎靡不振與無法挽回的衰老、沮喪盡顯無遺。再來看細節的呈現：蓬亂的頭髮、鬆動的牙齒、乾癟的嘴、滿額的皺紋、痙攣的手，亦與經文中風趣生動的描寫如出一轍，這些細膩的刻畫在之前的降魔成道圖像史中從未出現過，令人印象深刻。

老年魔女頭白面皺、齒落垂涎、肉消骨立的細節

「勢」之抗衡

在降魔成道的藝術表現中，「勢」同樣也被畫師所重視。當觀眾站在壁畫前，魔軍兵將震天的吼聲如在耳邊，而面對鎮定從容的佛陀時，好像我們自己也由內而外地發著光，周遭的雜擾越強大，我們的內心就越堅定。這些魔眾，既是外來的阻礙，更是內心深處的躁動與顛覆之力。如果說，捨身飼虎圖是以其畫面之勢的曲折複雜、精微遞進而漸次讓薩埵的慈悲感動觀者，那麼，降魔成道圖則意在以一種劇烈的動勢讓觀者直接體驗到悉達多在覺悟之路上所經歷的磨煉。

由魔軍攻擊的姿態帶來的動勢，向畫面中心的悉達多奔襲湧來。魔眾層層圍聚在他的周遭，分有五層之多，其內在包含有豐富的變化。從攻擊的態勢上看，由上至下的攻擊力度呈遞減趨勢。最上層的魔眾還怒目圓睜，張嘴嘶吼，或彎弓挽箭，或抱舉巨石，或執持長矛，向悉達多發動攻擊；中間層已有魔眾因攻擊受挫而驚愕猶疑不已；到了底層，魔眾已經丟盔棄甲，狼狽倒地或雙手合十，跪地屈服。

畫師利用魔眾的動態、視線，以及刀劍長矛等武器的指向性，將一股強烈的動勢彙集在悉達多周圍。而悉達多在如潮湧來的魔軍中巋然不動，內在三角形構成的穩定感，背光弧形所具的張力，與魔眾們逼近的攻勢兩相對抗，平衡了騷亂的力量，展現出危機中的安然鎮定。古代畫師巧妙地將抽象之勢透過具體的形象作用於畫面。這一靜一動，充滿了力量與意志的較量，將構圖傳統之中的力量感與對抗性發揮到極致。

254窟的降魔成道圖使我們看到，不同地域、不同族群的人們，沿著佛教東漸的路線，透過那些離奇古怪、匪夷所思的魔怪世界，透過悉達多的意志、慈悲與智慧，透過體悟生命的困頓與覺醒，共同去探求人類精神深處的自我對立與覺悟契機。

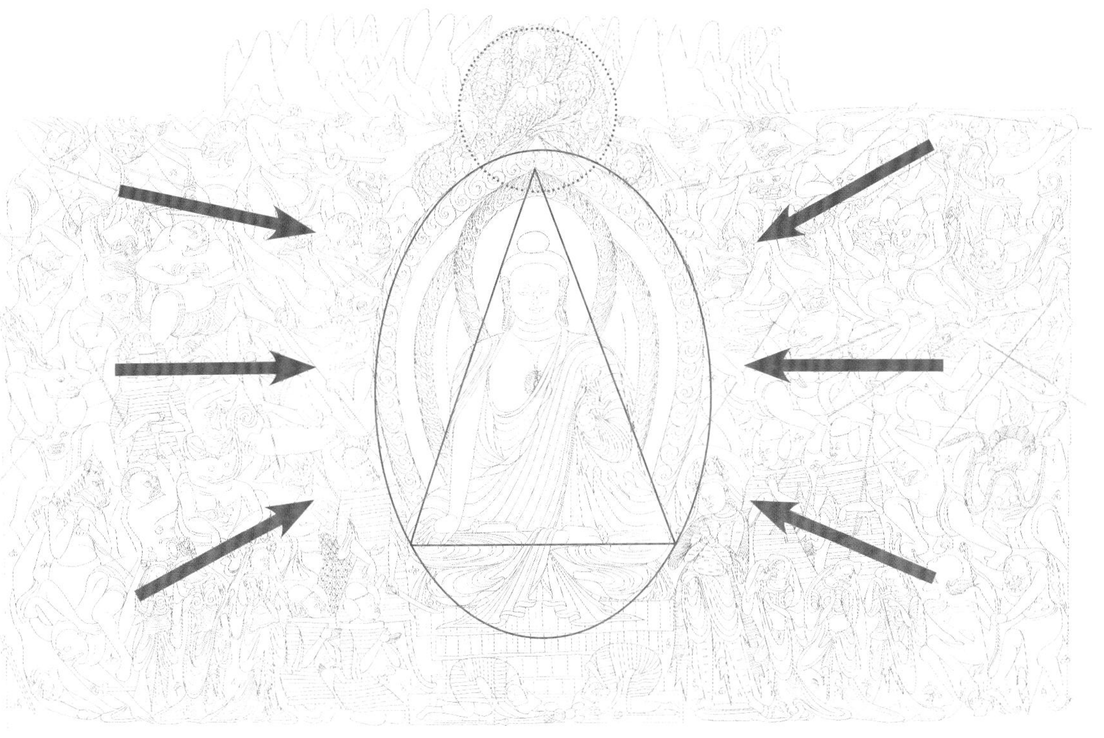

第五章

整窟｜禪觀的精神

如同經歷了一場濃縮的時空之旅，
浩瀚宏大的時間與空間被有序地
安排在不足20坪的石窟裡，
它所承載的佛教宇宙觀和世界觀，
對於今天的觀眾而言，
依然明晰且引人遐思。

透過以上三章，我們已經仔細觀看過254窟前室三鋪主要的故事畫。此外，在北壁〈尸毗王割肉貿鴿〉圖的東側，還有一鋪表現題材尚未完全明確的故事畫，左下角的煙燻痕跡增加了對畫面析讀的難度，有學者認為它表現了釋迦創造各種機緣讓耽溺世間享樂的難陀出家修行的故事，也有學者提出了不同的解讀，認為這是依據《觀佛三昧海經》所繪製的釋迦佛降伏龍王、將佛影留在那乾訶羅龍窟石壁中的事蹟。這可能是莫高窟北朝壁畫中唯一未有最終定論的因緣故事畫了，相信終有一日，這鋪壁畫的徹底解讀，會讓人們對254整窟義理的構思有更深入的了解。它的構圖類似於〈割肉貿鴿〉及〈降魔成道〉，都是主尊居於畫面中心的構圖方式，但畫面中人物多為坐姿，相對其他三鋪壁畫，這鋪圖像視覺動勢較為穩定、單純，眾人向心的目光成為畫面的重要環結。這些山間的禪僧以其中一位鬚髮皆白的老者令人印象最為深刻，禪修造就了他銳利而冷澈的目光，這目光投向畫面中心的主尊，而主尊視線則投向畫外。至此，信眾觀看單幅故事畫的旅程暫告一段落，思緒也被隨之帶出，回到前室的整體空間中。

北壁東側的故事畫，佛陀在畫面中央說法，周圍是重重山巒中的禪修僧眾

作為幫助信眾進行禪觀的對象，南壁的〈薩埵太子捨身飼虎〉與〈釋迦降魔成道〉，北壁的〈尸毗王割肉貿鴿〉與〈釋迦降伏龍王（說法圖）〉，這四幅故事畫共同表現了佛陀前世今生的種種犧牲、堅韌與出離世間欲樂的智慧。修行者進入到洞窟中，透過一系列細緻的觀看，感同身受地體驗到佛陀在生生世世的修行過程中的竭誠精進與布施眾生，在畫師精巧構思的引導下，重新審視薩埵的捨身擔當、尸毗王的全力以赴、釋迦的從容應對，從而更加深入地領悟到佛教所強調的慈悲奉獻與眾生平等的主題。

觀看前室的四鋪故事壁畫自然是窟內佛事活動的重要內容，但它還要與整窟的圖像系統與禪觀儀軌相關聯。之前已介紹過，254窟是北魏時期一座有代表性的以禪觀為主要功能的石窟，它雕鑿於粗糙的崖壁之內，猶如一處被封存的寶藏。整窟的藍灰色調，與窟外沙漠戈壁的黃色形成鮮明對比，在戈壁的強光中瞇起眼睛跋涉終日的人們，進到這個窟中，會感到一種由內到外的清涼與解脫。它由中心塔柱劃分出前室、後室兩部分空間，入窟後的觀覽順序是先禮拜主尊，然後從左側順時針繞塔而行，看過迴廊兩側及後室，最後再次回到前室。

尸毗王割肉貿鴿

難陀出家(?)/
釋迦降伏龍王(說法圖)(?)

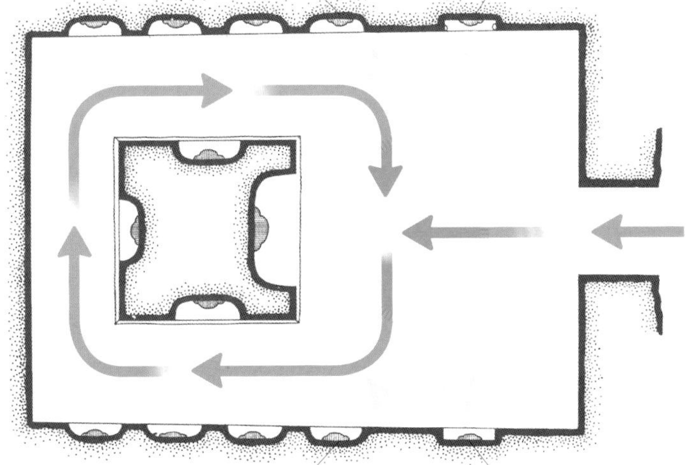

薩埵太子捨身飼虎

釋迦降魔成道

中心塔柱

在前室的整體空間中，中心柱中的釋迦塑像是所有視線最初與最終的落點。他面向前來禮拜的信眾，曾為金色的面部洋溢著一種喜悅、希冀與堅定的神情，組織起洞窟空間中目光、時間與空間的交織。

中心柱式石窟源於印度。印度石窟寺將佛塔鑿置於洞窟中後部，供信眾繞塔禮拜，被稱為「支提窟（Chaitya）」，敦煌254窟便是繼承了這種窟形，只不過將中心的佛塔變為四面體的塔柱，每面都雕有塑像。主尊佛像位於中心塔柱的正面，著朱色袈裟，面敷金箔，在藍白背光的映襯下顯得格外醒目，它端莊靜穆，交腳坐於穹帳式佛龕內，其大小比例充分考慮了觀眾的視角和心理感受，既不高高在上，令人感到隔膜疏遠，又獨具威嚴，似可擔負與撫平人間的一切苦難。佛像交腳而坐，望向遠方，從禮拜者的角度看去，雄渾的體態與背龕的弧形相呼應，如同身處宇宙天穹之下般壯闊。在佛陀身後的光輪中，底端繪製的尼乾子[1] 與鹿

[1] 此人物之前常被定名為婆藪仙，但依新近研究成果應為尼乾子。參見王惠民著：《敦煌佛教圖像研究》（浙江大學出版社，2016，第15-34頁〈鹿頭梵志與尼乾子〉一文。

頭梵志這兩位皈依佛教的婆羅門長者，在向佛致敬。順著他們的視線向上，升騰的藍紫色光焰裡，天人們伴著光焰上升、舞蹈、讚嘆。收攏整個佛龕的龕楣，一位化生童子從蓮花中探出身體，象徵著在淨土世界獲得新生的喜悅，童子手持兩組交織

主尊

凝視著信眾的主尊。其背光優美的藍色營造了一種宇宙般的深邃感，無數飛天在其中隨著光焰起舞

藻井

天頂上的藻井表現了蓮池的純淨與莊嚴，飛天們環遊於四周，象徵著佛國的淨土世界

尼乾子

鹿頭梵志

尼乾子與鹿頭梵志這兩位皈依佛教的婆羅門長者，在向佛致敬

龕沿

中心柱的龕沿，用來擺放香燭，也是視覺變奏的視點。在中心柱的底端，踞坐於山水之間的地神藥叉們常作負重狀，協力托舉起整個上方的世界

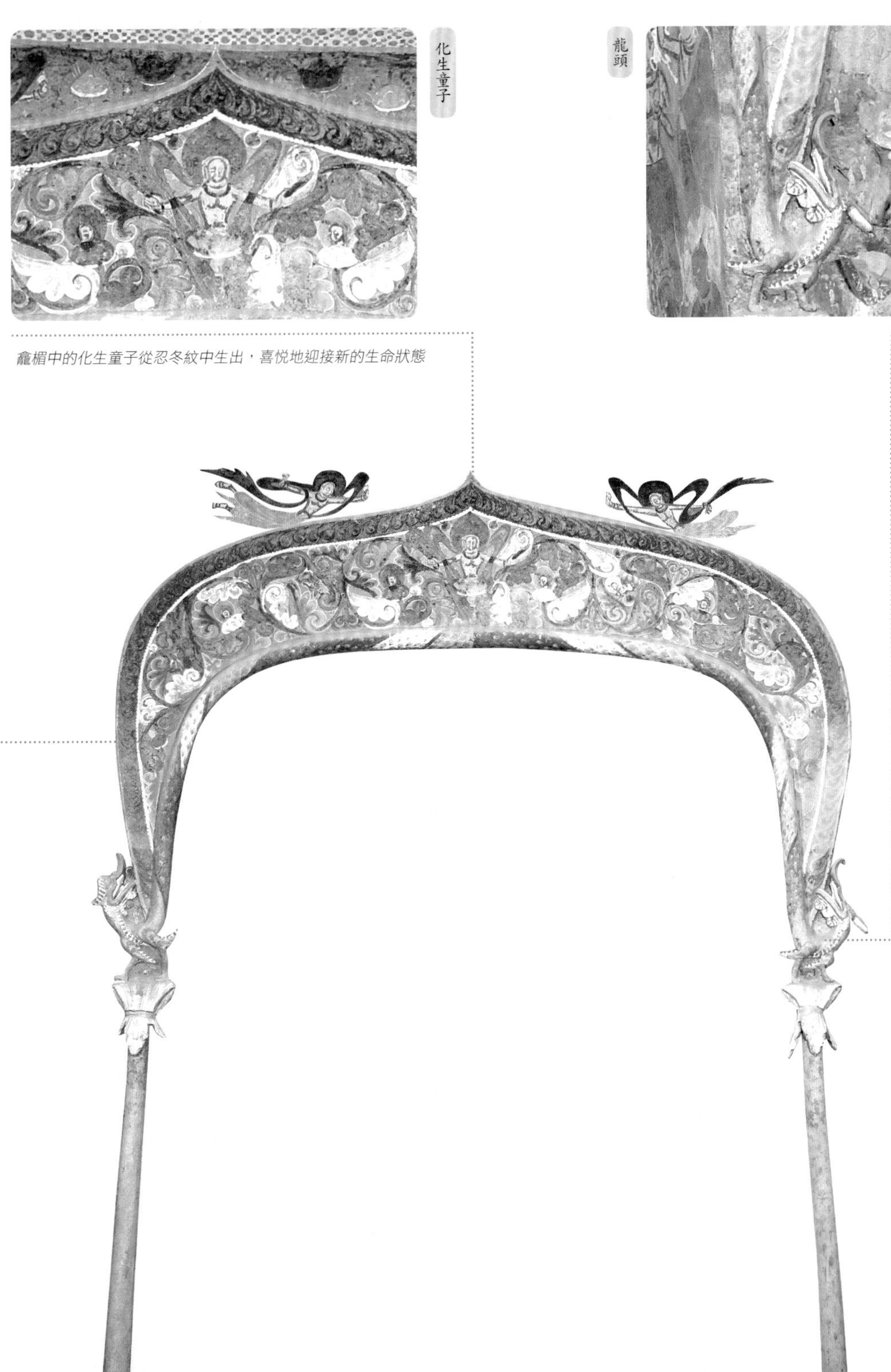

龕楣中的化生童子從忍冬紋中生出，喜悅地迎接新的生命狀態

的忍冬植物紋樣，不斷延展而充滿整個龕楣。在龕楣的收尾處造型轉化為兩條龍立於束帛柱上，昂首張望，這是一種裝飾形式，同時，也讓我們聯想到《觀佛三昧海經》中所重點描述的「龍窟」意向——在經文中，龍王將他的石窟供養給釋迦牟尼佛，請佛入內禪坐。釋迦佛禪坐之後，從龍窟出發，以神通之足帶領信眾去他的本生事蹟處遊歷，指引諸人遊歷了他生生世世前為菩薩之時不懈布施的地方，其中便有捨身飼虎、割肉貿鴿處。當佛陀將要離去時，龍王啼哭雨淚，請求佛常住下來，佛陀踴身入石，將佛影留映在石壁之內。因此，在信眾觀覽石壁的過程中，便如同從明鏡中目睹了佛的真容和光明。當年石窟營建時，所有這些豐富的圖像與符號，除了具備裝飾作用，還有和經文及修行儀軌相呼應的意味。

與四壁的裝飾相似，整座石窟的設計都有著自下而上的精心布局，引領觀眾不斷跨越時間與空間，從現實世界抽離，逐漸進入佛經中所描述的佛國。中心塔柱最接近地面的一組圖像是地神藥叉，他們是負重之神，體態龐大，蹲踞在山水之間，用力將上層的世界頂起；往上便是擺放供品香燭的龕台，它與兩側壁畫的分隔帶一致，都用紅綠相間的橫方形色塊繪出，在視覺節奏上營造出一個新的起點；龕台之上，便是華美莊嚴的主龕，它與後室南北兩壁八座券形龕的形制是一致的，只不過體量更大，塑繪的形象也更豐富；順著主尊和不斷升騰的藍白色光焰，可以看到許多優美的菩薩和飛天，他們似乎使觀者也變得輕盈了，因而自然而然又要向上望去；龕楣中從花朵裡生出的化生童子，充滿喜悅地展開花葉；再往上便是窟頂的平棋藻井圖案，在藻井圖案中，中央的藍色畫面表現了一座池塘，一朵蓮花盛開在其中，飛天們圍繞著蓮池飛行，似在欣喜地讚嘆。

整個中心塔柱，由負載重荷的地神開始，直到窟頂的平棋藻井，帶領信眾的目光不斷淨化昇華。蓮花與花中誕生的童子都象徵了在未來的淨土中得以轉生並繼續修行的生命，這也是北魏時期河西地區流行的信仰。忍冬與蓮花是莫高窟北朝藝術

蓮花紋

忍冬紋

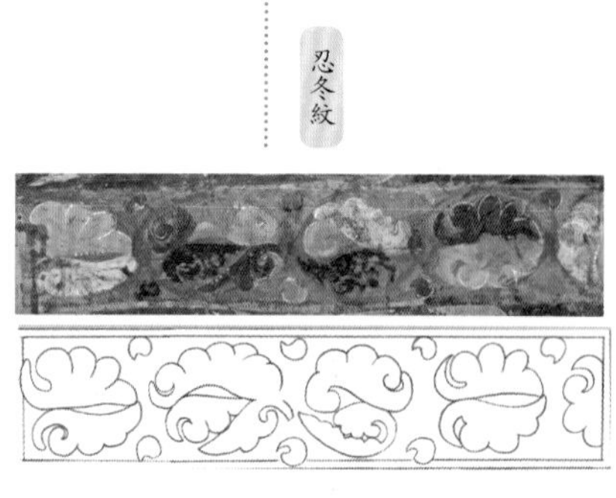

的重要圖案元素。在整窟四壁基層的裝飾帶上，繪有豐富的忍冬紋樣，但並沒有出現蓮花圖案；而當視線上升到窟頂，隨著空間意象的轉變，窟頂藻井中的圖案變成了蓮花為主，忍冬紋樣配合其間，這種圖案系統的變化似乎也呼應著整窟的空間象徵性，從保持頑強生命力、經冬不凋，逐步到達生命體驗圓滿自在的至高境界。

東

西

敦煌254窟繼承了印度「支提窟」的形制，但將中心的佛塔變為四面體的塔柱，每面都有彩繪和塑像，可供信眾繞塔禮拜

北

南

千佛

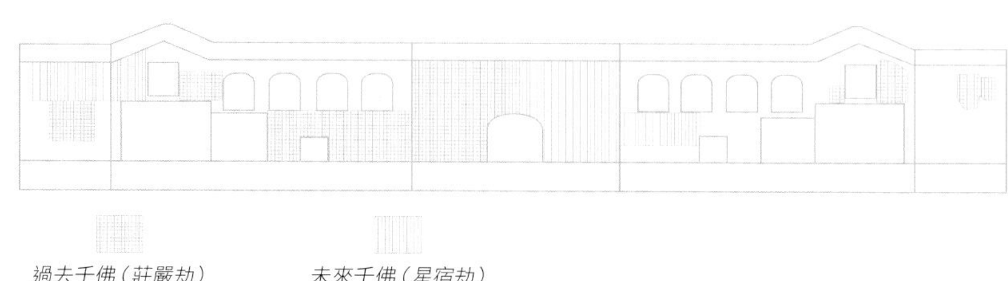

254窟千佛的時空分布示意圖（參見濱田瑞美：《莫高窟第254窟的造像壁畫和觀想念佛》）

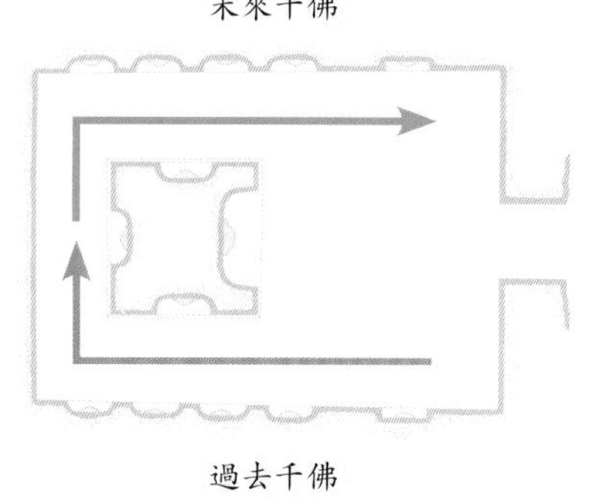

第254窟平面圖，由過去千佛到未來千佛的排布營造出廣袤時間感

禮拜過中心柱的主尊，信眾會右繞中心塔柱繼續觀覽。這時，映入觀眾眼簾的大部分圖像是滿壁的千佛，這些千佛的色彩有規律地交錯，意在營造一種光光相接的斜向連續效果。大多數千佛的左上角都有白底墨書的名號，學者對比經文後，得出其排布的內在規律：[1] 在洞窟東西中軸線以南的一側，諸佛的名號皆屬於過去世莊嚴劫千佛；當信眾繞到中軸線以北，則千佛的名號都屬於未來世星宿劫千佛；而洞窟中的塑像和壁畫表現了釋迦和彌勒的形象，由於他們都是賢劫千佛中的一員，故而整窟透過繪塑聯壁，使其中軸線具有「現在世賢劫」的時間意味。

「劫」是佛教世界觀中一個時間計量單位，意指極其漫長的時段，每一劫中世界會發生「成、住、壞、空」的因緣轉化更替。據佛經記載，在過去世莊嚴劫、現在世賢劫和未來世星宿劫三大劫中，各有一千尊佛成就，每當一尊佛入滅後，就要經歷相當漫長的歲月，另一尊佛

[1] 254窟的千佛名號研究，可參見寧強、胡同慶：〈敦煌莫高窟第254窟千佛畫研究〉，載於《敦煌研究》1986年第4期。

遍布窟內的千佛，在其圖像的左上角都有白底墨書的名號，且不少都清晰可讀，千年前這些以頗具功力的書法所書寫的佛名，在今天的佛教法事中依然常被提及稱頌

才會出現於世。而每位佛陀住世的時間，相對於這浩瀚的時段就如同電光石火般短暫，而後就又進入漫漫長夜。因此，值遇佛陀在世或能聽聞佛陀教法是無比珍貴的機遇。254窟的設計者使諸佛同時呈現，當信眾繞中心塔柱觀禮一周，便逐一見證了

254窟南壁與
西壁的千佛

254窟南壁千佛

去、現在與未來的千佛，被束縛在有限生命中的人們如同獲得了整個宇宙的永恆祝福。除這些千佛之外，洞窟後室正對中軸線的西壁中央另繪有一尊神祕的白衣佛，白色的袈裟，白色的肌膚，結跏趺坐。有學者認為，繪製白衣佛，可能是根據《觀佛三昧海經》的記載，表現了釋迦佛應龍王的請求，將佛影留映在石窟壁內的傳說事蹟。[1] 這一事蹟對中國四到五世紀的佛教思想產生了深遠影響。高僧慧遠便對佛影的傳說深有感應，他聽聞那「在陰不昧，處暗逾明」的佛影時，「欣感交懷，志欲瞻睹」，「發憤忘寢，情百其慨」，特地在廬山一處石壁之上，繪製佛影於其中，加以禮拜，以表達對這來自於遙遠西域的佛陀神跡的景仰。[2] 這象徵了佛陀雖已離世，但他的形象卻因緣著一種呵護世間的願力而長存，正呼應了禪觀中的重要內容，禪觀中所觀到的佛陀影像，是個人心靈的化現，但又何嘗不是佛陀願力的顯現呢？白衣佛坐於浩瀚的千佛光海中，當觀眾來到光線較暗的洞窟後室，有這樣一尊晶瑩光亮的主尊圖像出現，在視覺節奏上設立了一處觀像重點。白衣佛兩側的龕楣之下，柱頭的形態類似希臘的愛奧尼亞柱式，也折射出豐富的文化交流資訊。

（左頁圖）白衣佛

❶ 白衣佛的研究綜述，見賀世哲：〈白衣佛——佛影問題〉，收入《敦煌圖像研究：十六國北朝卷》，第88-95頁，蘭州：甘肅教育出版社，2006年。
❷ 見《中國思想史參考資料集》，清華大學出版社，2005年。

列龕

石窟藝術是壁畫、雕塑、建築的綜合體，平面、立體、半立體……不同的表現形式結合在一起，不僅使窟內的裝飾層次更豐富，也使得觀者眼前的形象如真如幻，更有置身佛國世界之感。

在254窟的南北兩壁，除去故事畫和千佛，還對稱鑿有兩個闕形龕和八個券形龕，各有結跏趺坐的佛和菩薩居於其間。

先說前室南北的闕形龕。它們位於故事壁畫的上方，借助前室的人字形屋頂而居於較高的位置，專家們普遍認為其用意在於表現彌勒菩薩在兜率天宮說法的時刻。在佛經中，彌勒菩薩被認為是繼釋迦牟尼佛之後會降臨世間的未來佛，他可以幫助修行者解決禪修中的種種疑難，也能夠以其彌勒淨土接納發願往生的信眾，因此彌勒信仰在河西地區曾盛極一時。闕是秦漢時代常見的漢式建築，在這裡，漢家宮闕演化為彌勒菩薩所居的天宮，突出體現了漢文化對佛教的融合轉化。在整個絲綢

254窟南壁的闕形龕與券形龕依次排開，不同地域的建築特色共處一牆，生動呈現出這裡曾發生的文化交融與活躍互動

洞窟整體所營造的文化交融感與親切感，讓人恍然忘卻歷史與地域的茫遠

之路上的佛教石窟中，除去敦煌之外，極少存有闕形樣式的佛龕，由此可見作為漢文化重鎮的敦煌在多元文化的互動與吸收方面的獨特性。

沿著闕形龕向窟中望去，後室兩側牆上還各開有四個券形龕，券形龕內的佛像分別結說法與禪定手印，再現了深入禪定後的佛陀將他的智慧心得向經過的眾生宣講的時刻，窟內豐富的說法形象彼此呼應，構建了整窟法音縈繞的氛圍。

帶有典型漢地文化特徵的闕形龕

距今一千五百餘年，但仍在使用中的北魏木構斗拱

西域風格鮮明的券形龕

這種圓券式龕形是從西域傳入的典型樣式。在一窟之內，中原樣式的闕形龕和西域樣式的券形龕在視覺上並列；漢式木構的人字披與源於印度的「支提窟」在空間上相接；身著西域裝束、擁有明暗光影的千佛畫像與以筆跡嫻熟的優美中文書寫的千佛名號互為表裡，呈現出中西文化的交融碰撞與華夏文明的兼收並蓄。

天宮、天頂

在千佛與列龕之上，整個壁面裝飾的最上層，是圍繞石窟一周的圖繪建築和天宮伎樂。看到他們，觀者彷彿真的來到了無憂無慮的佛國淨土。從最底層負重的藥叉地神，到中間層發生在人間的本生、佛傳與因緣故事，再到天宮建築圖中的伎樂飛天，考驗、對抗與意志的渲染逐漸為優雅從容、歡悅澄澈的氣氛所替代，從大地、人間到天宮淨土的空間連接，恰恰體現了254窟的設計者為信眾營造的另一層象徵——生命經由成長與昇華、犧牲與慈悲而獲得最終的光明。

第 254 窟的整體布局可見從大地到天空的表現意圖

在千佛與列龕之上，整個壁面裝飾的最上層，是圍繞石窟一周的圖繪建築和天宮伎樂

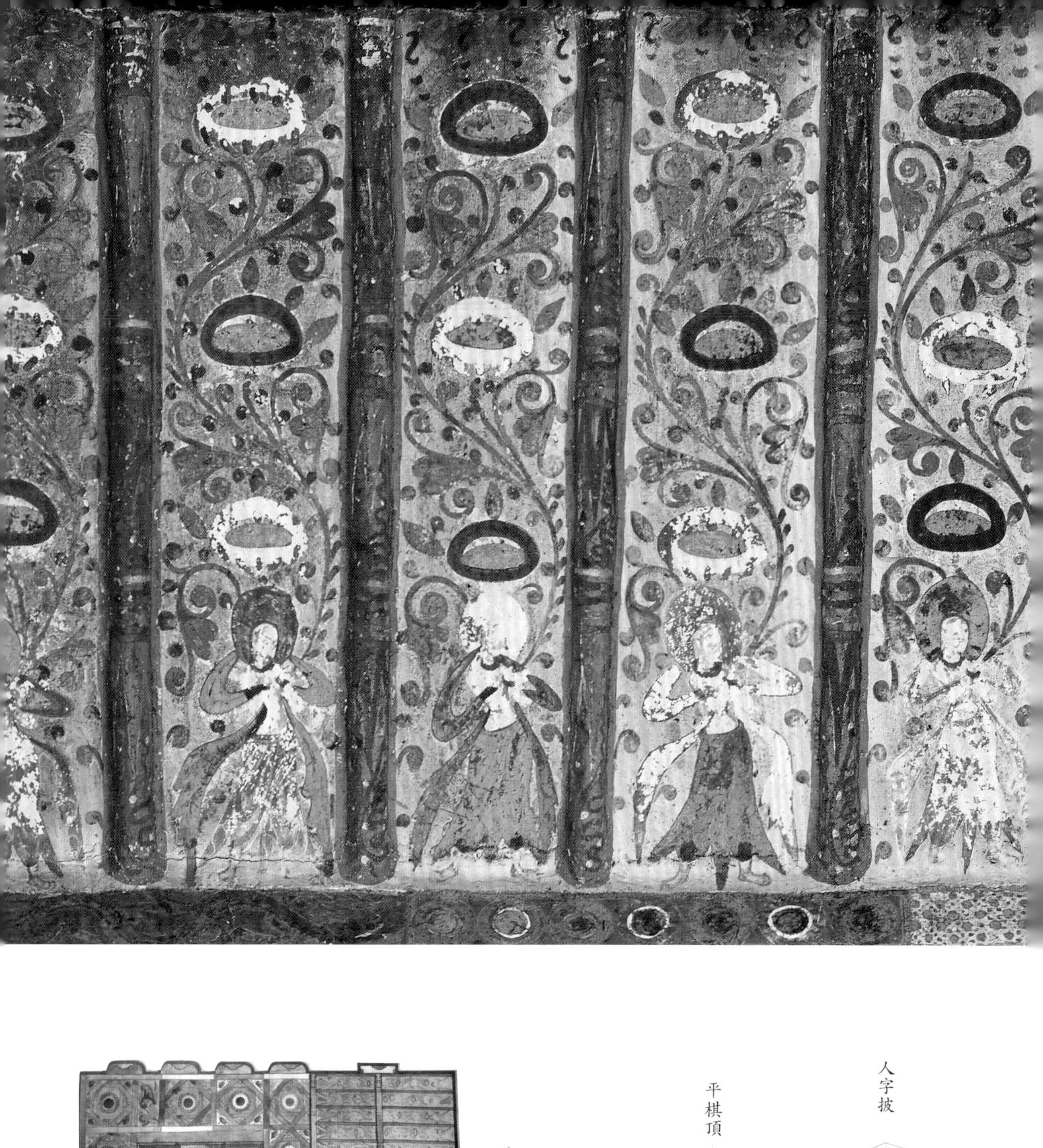

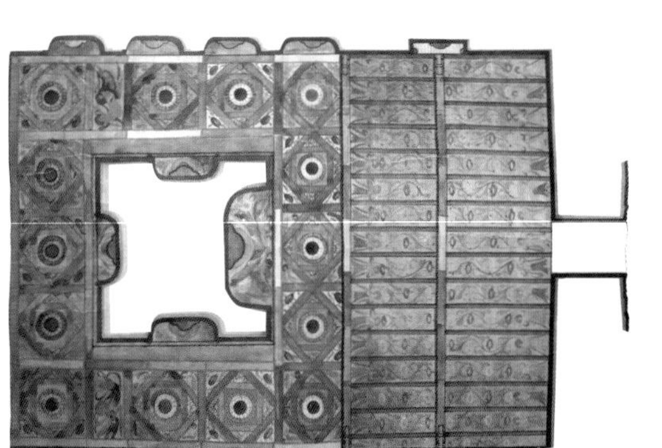

平棋頂
人字披

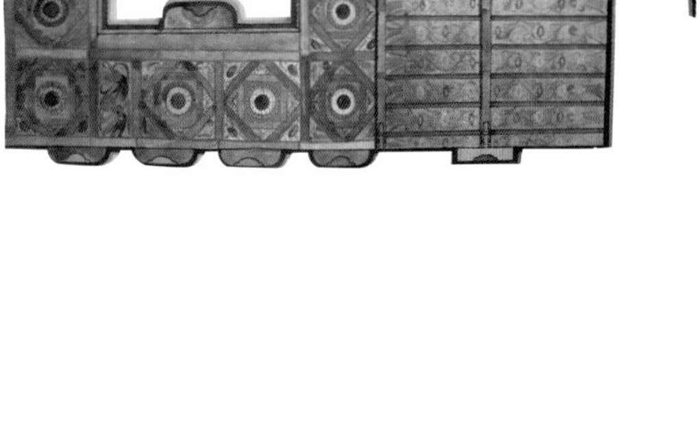

窟頂的設計也屬於天宮的一部分。254窟後室為傳統「支提窟」常見的平頂，繪有象徵淨土的平棊藻井；前室聳起，採用增加挑高的人字披頂，這樣的建築形制來自中原木構房舍。在人字披與後室平頂的銜接處，還存有千年前的木構斗拱及四沿的幔帳；人字披「木梁」上繪製的連接件，恰如周秦宮殿中出土的建築部件，也是典型的漢地建築方式。「木梁」間繪有天人執持花束，縈繞上升，為整個洞窟注入一種輕靈的元素。

人字披的「木梁」間隙中，繪製了三十四位天人菩薩，他們手執彎曲纏繞的花束，與後室平棊藻井上的蓮花圖案既形成對比，又彼此呼應

回望整窟，觀者環繞一周，卻如同經歷了一場濃縮的時空之旅，浩瀚宏大的時間與空間被有序地安排在不足20坪的石窟裡，它所承載的佛教宇宙觀和世界觀，對於今天的觀眾而言，依然明晰且引人遐思

禪修

254窟的整窟圖像與精神系統，與禪觀的修行儀軌有很大的關聯。正如《禪祕要法經》（鳩摩羅什譯）等經典所指出的，信眾要在清靜之處敷上坐具，盤腿結跏趺坐，身形齊整，左手壓住右手，閉上眼睛，舌頂住上顎，以令心神安住，開始修行。只有當觀者能夠安心、調息、定意、懺悔業力後，才能夠逐步地進入「觀」的狀態。經文裡用了大量的篇幅去指導修行者應該如何去「觀」佛陀的莊嚴法相，當在修行中遇到各種瓶頸時，應當如何借助懺悔業力，向彌勒菩薩請教來獲得突破。有趣的是，如果修行者終於可以成功看到心靈成像的莊嚴佛身，則會被教導不必動意加以禮拜，而是要繼續安心觀照，因為解脫真如法是無來無去、無見無得的。

現代心理學研究顯示，經常思考善念與正面積極的事情，正面積極的事情就會如約而來。對於古代信眾而言，透過觀佛的美好，打開心扉，可以獲得最美好的加持。在現實中，信眾們走入一座石窟，正如經文中鼓勵信眾去觀想一座石窟；信眾瞻仰石窟的彩塑、壁畫中佛的影像，正如經文中（鼓勵）幫助信眾去觀想佛陀的各種行狀與事蹟。佛的重要事蹟順序分布在石窟中，從大地到人間到天空，從過去到未來，與觀者的目光相接。在這個意義上，作為一座以禪觀修行為主要目的的洞窟，254窟的壁畫、塑像不僅是被人工開鑿繪製出來而已，而是依照經文教義的系統，把信眾心中禪觀求索的影像給呈現了出來，如同佛的影像被疊映在龍窟的石壁中一般，利用石窟建築、繪畫、彩塑三位一體的空間，幫助信眾去獲得心靈的體驗。信眾需要觀想的，石窟已依照經典為他們呈現；信眾把石窟所表現的內容作為心靈的樣板，繼續擴展對佛陀影像的禪觀體驗。石窟與信眾非常緊密地結合在一起，石窟不僅是一處禮儀場所，更是一座活的課堂，那些供奉的地神、天人，說法的佛陀，布施的菩薩，彷彿都各自發出

（右頁圖）
254窟中心塔柱北面

美好的音聲，最終匯成一個活躍的整體；前來禮拜的信眾則在洞窟中抱持著時不我待的緊迫感，努力精進觀想，尋求突破，以期領會更高層次的生命狀態。

第六章

結語

風雲時代的254窟

當了解過254窟幾鋪壁畫
與整窟設計的種種匠心，
我們會深深震撼於
這些古代敦煌藝術的動人與神奇。
不過，它的成就並非偶然，
而是有著深厚的時代藝術背景的。

如果回溯魏晉南北朝時代的藝術與美學，就會發現254窟的藝術表現和那個時代中華文化藝術的進展密切關聯。只是由於氣候、地理及社會的原因，敦煌壁畫被幸運地保存了下來，而同時代其他大量傑作已湮沒於歷史的塵埃。

西元492年，一位法名為超辨的高僧在南朝齊的首都建業（南京）圓寂了。[1] 他來自敦煌，俗姓張。他在敦煌濃郁的佛教氛圍中開始修行並度過少年時代，由於仰慕南朝的佛教盛世，他走過一條古已有之的道路，從敦煌到青海，復至巴蜀，最終來到了心儀的建業。當他在建業完成了卓絕的修行，以七十有三的高齡遷化時，佛教學者僧佑[2] 為他設計了墓碑，僧佑的弟子、《文心雕龍》的作者劉勰為他撰寫了碑文。

透過超辨極富象徵意義的人生際遇，我們可以饒有趣味地想像，佛教文化如何跨越遙遠的山程水驛，實現南北溝通與交融，以及聞名遐邇的歷史人物如何關聯在一起。僧佑卓越的藝術才華與劉勰雅雋的文辭一起，向一位來自遠方的僧人致敬，真是一件盛事。當超辨去世之時，他的家鄉敦煌，城東40餘里的莫高窟，一處新的洞窟或許已然動工，或許即將落成。它就是本書探討的254窟。那些在254窟設計與繪製佛教壁畫的人們，也在用他們的巧思與生花妙筆，呼應當時風起雲湧的美學實踐與理論創新，這一潮流的引領者可從劉勰、謝赫追溯至宗炳、王微，甚至可上溯到百年前的顧愷之、戴逵。

北魏時代的敦煌與南朝美學的關聯

魏晉南北朝是一個藝術和美學的自覺時代。在此期間，中國繪畫除了延續兩漢時期明人倫、重教化的道德宣教功能外，也日益成為一種重要的藝術創作活動。繪畫與造像藝術進展巨大，這種進展在三個方面尤為動人：其一是對繪畫的包容性與創作者心態的體

❶ 見〔梁〕釋慧皎撰，湯用彤校注：《高僧傳》，第471頁，北京：中華書局，1992年。

❷ 關於僧佑的佛教藝術才能，請參見《高僧傳》，第440頁；以及金維諾：〈僧佑與南朝石窟〉，收入《中國美術史論集》，北京：人民美術出版社，1981年。

驗與認知。南朝劉宋的佛學家、畫家宗炳（375-443）在〈畫山水序〉中寫道：「豎劃三寸，當千仞之高；橫墨數尺，體百里之迴……嵩華之秀，玄牝之靈，皆可得之於一圖矣。」宇宙萬物的廣大氣象可以被整體包含在小小的畫面中，這是一種對藝術表現所具有的力量的高度自信與自覺，而為了達到這種境界，畫家要將他全部的心靈與技巧向畫面敞開，做到「萬趣融其神思」，這種器度與心境決定了作品的大氣恢宏與純粹清澈。

其二便是當時觀眾對藝術作品的熱忱。東晉畫家顧愷之（348-409），這位富於才情與傳奇色彩的大師在他生活清貧的青年時期，為一座初建不久的寺院許下了百萬錢之巨的捐贈承諾，這筆善款遠超他的經濟能力，眾人以為那不過是狂妄大話。但自信的顧愷之卻以一月有餘的時間，在寺院中繪製了一鋪維摩詰像壁畫。光彩耀目的壁畫尚未點睛，欲先睹為快的信眾便蜂擁而至，熱情的觀眾被壁畫深深震撼，於是競相解囊，頃刻間便為寺院帶來了巨額的布施，甚至遠超出了顧愷之承諾的數額。透過這則頗具喜劇意味的記載，我們看到當時的畫者與觀眾之間密切的互動關係。而這密切的互動關係也更加促使畫者去考慮畫面如何塑造形象，如何敘事，如何讓觀者被畫面所吸引並引發感動。

其三就是畫師全情投入的創作激情與恆心。東晉藝術家戴逵（326-396）曾按照傳統的形制雕刻高達一丈六的無量壽木佛及菩薩，但這種傳統形制過於樸拙而顯得落後於時代之審美，以至於前來禮拜的信眾心靈並不足以被打動，於是戴逵認真地汲取意見，加以改進，「潛坐帷中，密聽眾論，所聽褒貶，輒加詳研，積思三年，刻像乃成」。以三年時間來探索新的風格樣式，足見戴逵的認真和恆心，結果新的作品「情韻綿密，風趣巧拔」，為「百工所範」，開啟了新的潮流。自西元五世紀初開始，赴西域求法的佛教信徒數量大增，佛教經典的翻譯工作也達到了前所未有的準確、深入與系統化，這充分說明佛教信眾對佛教原旨不斷探索鑽研，求真、求新、求深是這個時代的佛教學風，那些具有高度修養的藝術家自然會以其努力去回應那個時代潮流。

不過，從現存史料看，魏晉南北朝的美學成就主要出自南朝，北魏五世紀的美學理論見載不多。但地處河西走廊最西端的敦煌，除去經過中原的途徑來獲得與南朝美學的溝通，也有其他因緣，可令那些在莫高窟虔誠供養的世家大族、僧侶、畫師們對華夏美學潮流並不陌生，可以總結為以下四點：

1.本土的漢文化傳統：敦煌自漢武開邊，便已成為漢族聚居地。魏晉以來，關中騷動，中原生靈塗炭，敦煌與河西成為海內少有的安定之地，眾多家族遷移來此，安享了兩個世紀之久的和平。這種歷史條件使得敦煌本土擁有高度的漢文化成就。在五世紀初，以敦煌為首都建立的西涼便奉東晉為正朔，彼此有廣泛的文化典籍交流。在之後的朝代更替中，儘管當權者對南朝的態度變得更為複雜，敦煌也經受了戰爭動盪的考驗，但以名門世族為核心的社會結構並未改變，敦煌本地依然保有良好的漢文化傳統，對南朝的美學風尚也易於借鑑吸收。儘管由於南北風習氣質的差異，敦煌地區的藝術表現與南朝有所不同，但正是華夏美學資源的薰陶使得匠師們在西來的佛教傳統中創造出迥異於西域的藝術圖像。

2.時代的趨向：254窟開鑿的時段（465-500）基本處於北魏孝文帝（471-499）時代，這位對漢文化心存仰慕並頗有儒、釋修養的君主，推動了北魏社會的全面漢化，與南朝的交流、互市與互使也較以往頻繁。在這種社會氛圍下，了解南朝美學的新思潮應會較為便利。當時北朝士族人物的容止修養、學識才辯，常常不下於南方。[1]

3.佛教藝術的共同繁盛：魏晉南北朝時期，佛教在中國大地上空前發展，北魏眾多石窟寺的營造與南朝的佛教藝術活動都如火如荼地進行著。佛教藝術作為當時最為時尚的藝術門類，在大江南北都達到了前所未有的繁榮。一像之成，「其四遠士庶，並提攜香華，萬里來集。供施往還，軌跡填委」。[2] 斬山立像，攀空建塔，工程之大，技巧之精，皆前所未有。傳統上敦煌高僧們曾

❶ 可參見逯耀東：〈北魏與南朝對峙期間的外交關係〉，《從平城到洛陽》，第262-268頁，北京：中華書局，2006年。

❷ 《高僧傳》，第492頁，北京：中華書局，1992年。

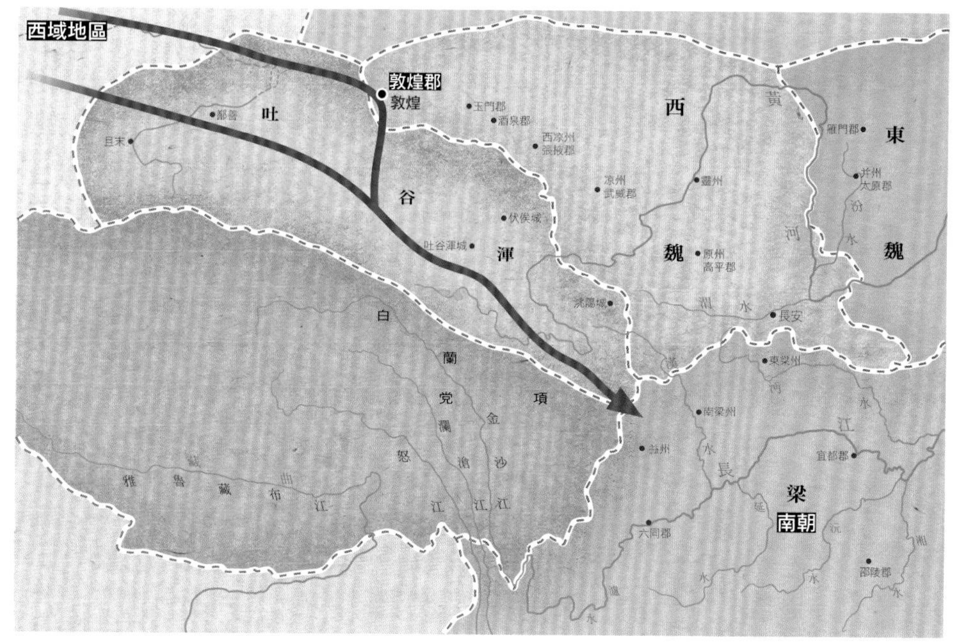

敦煌連接南朝與西域地區的「河南道」交通圖（楊東海繪）

到南朝遊歷駐錫修行，當時也存有南北佛教交流的多種管道，這種佛教藝術的繁榮和南北方的溝通，對北魏的藝術風氣有著深刻觸動，敦煌自不例外。

4.交通的方便：敦煌轄制西域，又扼守青海高原的西北出口。歷史上，南朝與西域的聯繫常透過青藏高原的「河南道」進行，這條路是連接西部與南方的一條要道，只在政治格局劇烈改變時有過中斷，但終歸於恢復。[1] 敦煌正是這條道路的重要組成部分，故可能近水樓臺，對南朝之新思多有獲益。

敦煌一方面是接觸西來佛教藝術樣式的前沿，另一方面又有深厚的漢文化底蘊，並保持著與內地及南朝的互動關聯，這種文化的交匯反映在畫面上，便是表現語彙具有特殊性。敦煌石窟的畫師雖不見於記載，但他們在畫面上的勤勉經營也讓我們想到，正是在這樣一個時代，正是由於無數匠師們的努力與富於創新的工作，佛教美術風格日新，水準高漲，終於發展演變為一種折射整個民族智慧與時代審美的重要成果。

❶ 此路於西元444-459年間沒有通使記載，道路或因北魏肅清青海吐谷渾的勢力而告中斷，後因吐谷渾回據青海而再通，參見唐長孺：〈南北朝期間西域與南朝的陸路交通〉，《魏晉南北朝史論拾遺》，第174-176頁，北京：中華書局，1983年。

從254窟壁畫藝術看時代美學範疇

敦煌莫高窟作為完整保存了千年營造序列的佛教藝術寶庫，為後人提供了深入體悟古代美學實踐的契機，現代學者的相關美學研究成果頗豐。在這裡，我們僅以敦煌莫高窟最為經典的洞窟之一——北魏254窟為例，找尋它與同時代的美學理論創造之間的生動關聯。

如表所示，我們將從藝術創作和美學理論中最核心的因素「情」入手，進入到視覺層面的「勢」，再進入到更具體描繪的「形」，然後回到綜合層面的「審美創作論」。

美學範疇	層面	文中選取的對應圖像
情	最核心的因素	254窟整窟
勢	視覺與心理的整體呈現	降魔成道、割肉貿鴿、捨身飼虎
形	更為具體的表現	降魔成道、割肉貿鴿、捨身飼虎

情

「漢末魏晉六朝是中國政治上最混亂、社會上最痛苦的時代，然而卻是精神上極自由、極解放，最富於智慧、最濃於熱情的一個時代，因而也就是最富有藝術精神的一個時代。」[1]

魏晉南北朝期間的戰爭動盪極大地促進了人們對人生況味「銜血哀傷」[2] 的體驗，正如鍾嶸（？－約518）在《詩品》中所總結的那些感蕩心志的情思。而「山嶽崩頹，既履危亡之運；春秋迭代，必有去故之悲」，「舟楫路窮，星漢非乘槎可上；風飆道阻，蓬萊無可到之期」，[3] 對未來的期望與茫然，使「窮者欲達其言，勞者須歌其事」，[4]「情」的抒發被格外重視。

254窟開鑿的時段，見證了敦煌歷史上最動盪

❶ 宗白華：〈論《世說新語》和晉人的美〉，《中國美學史論集》，第123頁，合肥：安徽教育出版社，2006年。
❷〔西晉〕陸機：《〈愍思賦〉序》。
❸❹〔南朝〕庾信：《〈哀江南賦〉序》。

艱難的歲月，[1] 對抗西北悍敵柔然騎兵的戰爭不斷在敦煌城外打響，儘管險些被朝廷放棄，但敦煌軍民頑強勇敢的抵抗和朝中明智人士的建議保全了敦煌的歷史生命。佛教社團在官方系統的組織框架之外，基於共同的信仰，建立「邑義」之類的組織，透過組織民眾共同參與造像、辦齋會、施捨救濟等社會慈善事業，奠定了敦煌社會在動盪中團結民眾、凝聚力量的重要基石。那些虔誠的開窟者，很可能在最困難的時候還延續著石窟開鑿的工作。「逼切危慮」的時代背景決定了他們對生命之「情」的悽愴有著深刻體驗；也正是這「或骨橫朔野，或魂逐飛蓬；或負戈外戍，殺氣雄邊」[2] 的抗爭之境，加之佛教「護世護法護國」的思想、安定社會民心的教義，令他們把對現世與未來的企盼都全情投入到石窟營建之中。

從此角度，或可更恰切地領會254窟所具有的強烈而豐富的心靈氛圍。從前面分析過的具體畫面看，「自魏晉以來，社會動盪強烈地震撼了人們的心靈，危機促進了人性的覺醒與思考力的發展，生命的苦痛激發了人們對人生的高度敏感與思考」。[3] 正是254窟種種「智慧兼深情」[4] 的表現，構成了其藝術如此感蕩人心的基礎。

勢

「勢」是華夏美學中最為核心的範疇，意為趨向、方向、動態，核心屬性是一種力量生成與運動的表現，政治、軍事、風水堪輿等領域亦廣泛使用這一概念，在書法史中也顯示了其特殊的重要性。

在繪畫中，顧愷之在〈畫雲台山記〉一文中細緻紀錄了他對「勢」的思考，[5] 這也是迄今出現在畫論中最早的論「勢」之文。他規劃的一幅道教題材畫作中，山水成為表現超越感與高邁氛圍的重要元素，

❶ 此時代的敦煌狀況，請參見宿白：〈兩漢魏晉南北朝時期的敦煌〉，收入《中國石窟寺研究》，第262-243頁，北京：文物出版社，1996年。
❷〔南朝〕鍾嶸：《〈詩品〉序》。
❸ 劉濤：《中國書法史：魏晉南北朝卷》，第2頁，南京：江蘇教育出版社，2002年。
❹ 李澤厚：《華夏美學‧美學四講》，第139頁，北京：生活‧讀書‧新知三聯書店，2008年。
❺ 參見〔唐〕張彥遠：《歷代名畫記》，第118-121頁，北京：人民美術出版社，1983年。

「勢」被特別重視——山勢蜿蜒如龍，鮮豔的朱丹突出最具險絕之勢的山崖，畫的主角天師坐在山崖之上。山石相互呼應重疊以強調「勢」的運行，「並諸石重勢，岩相承以合」。畫面結束處，一隻飲水的白虎匍匐在山澗下，使得「勢」降下並收攏起來。在這篇論畫之文中，顧愷之對「勢」的布置與對觀者目光的預設令人深感興趣，在他看來，觀者的目光正是在「勢」的帶動下，通覽了豐富的畫面，領略到險絕山水背後的宗教感。

顧愷之對於如何在公共空間中把握觀眾的興趣一向很有策略和智慧，他年輕時在瓦棺寺繪製的維摩詰像便借此大獲成功。可以想見，在魏晉南北朝時期，在包括眾多僧道寺觀在內的公共空間的藝術創作中，更大的畫幅、更複雜的故事、更多元化的展示空間、更多的公眾品評，促使畫師更努力地思考如何把握觀者們的目光，如何使畫面更有力、集中、富於表現力。

正如顧愷之在〈畫雲台山記〉中所設想的那樣，現代心理學的研究也已證實，視覺活動是一種積極的探索，與照相的消極性不同，它是有高度選擇性的，對於「力」的運行極為敏感，這也正是「勢」得以發揮作用的生理機制。「勢」形成不斷生發與運行的力，統攝了造型、色彩與故事情節，進而引導觀者的目光走向和心理感受，使作品與觀眾之間構成有效的交流與互動。在254窟的壁畫藝術表現中，「勢」同樣也被畫師所重視，對「勢」的運用手法靈活多樣，與不同的壁畫主題緊密結合，各有特色。

在〈降魔成道〉中，畫中魔眾劇烈的動態所形成的力量趨向，與端坐畫面中央、如如不動的佛陀，以及佛陀身後飽滿的背光，構成了強烈的張力關係。透過這一動一靜之勢的角力，觀者會感受到，在畫面上，最終魔眾們紛擾的攻擊之勢被佛陀安定且外張的勢震懾消解了。

相對於〈降魔成道〉較為直白的對抗之勢，〈捨身飼虎〉設計了更為複雜的「勢」的運行之路，起承轉合，將極為繁密的人物場景和故事情節盡數包含在不足1坪的壁面中。〈捨身飼虎〉的「勢」蜿蜒迴環，正如劉勰在《文心雕龍・附會》中

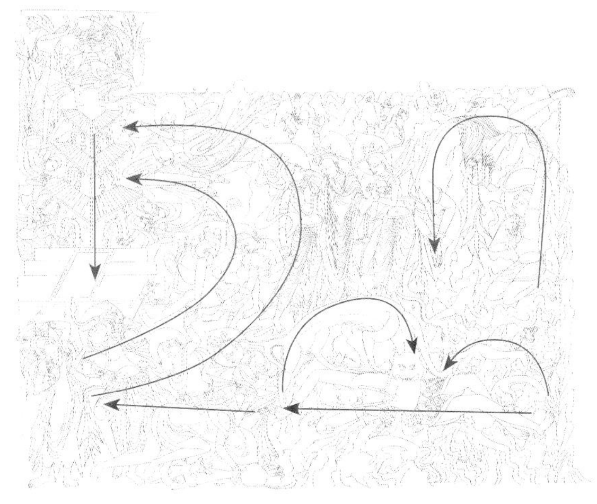

〈捨身飼虎〉迴環曲折的運行之「勢」

〈降魔成道〉一動一靜的抗衡之「勢」

〈割肉貿鴿〉上下交疊的相合之「勢」

常見光下，尸毗王的裙裾部分幾乎成為空白在紫外線下，已褪色的部分顯現了出來

所言：「若夫絕筆斷章，譬乘舟之振楫」，當畫面的內容結束時，「勢」的力量還在綿綿不絕地運行。當觀者觀看完一次之後，「勢」還會引領觀者不知不覺中再次開始新一輪的觀看——收穫更多，感動更深。

如果沒有現代科技的幫助，對於另一鋪壁畫〈割肉貿鴿〉中的「勢」，我們的認知將會有重大缺失。當我們僅憑肉眼觀察，會發現〈割肉貿鴿〉中有一種並未完成的「勢」。在畫面的下部分，由人物目光構成的「勢」的指向性非常明確：尸毗王的家眷哀婉地注視著畫面中央的尸毗王，尸毗王則鎮定地注視著畫面的右下角——在那裡，最殘酷的試煉時刻到來了，當割盡全身的肉也沒有秤盤那邊的鴿子重時，尸毗王決然地坐到了秤盤當中。於是，透過視線的連接關係，一個非常穩定的三角形被構建了出來。然而，畫面上半部分那些劇烈運動的形態：抖動的頭冠飄帶，追逐而下的鷹和鴿子，讚嘆的天人，哀傷的眷屬，這些元素圍繞在尸毗王周圍，卻缺乏一種與尸毗王的關聯，「勢」在此斷失了。

然而，當我們使用紫外線觀測設備[1]來重新觀看時，驚訝地發現幾成空白的尸毗王的裙裾上，已經褪色的部分又被紫外線所激發而變得清晰可見——那是繁密而波動的衣褶——畫面上半部那些飛動激盪的形象與尸毗王富於動態的裙裾衣褶相連，形成了一個富於動態的倒三角形。於是，畫面中的上下兩端的三角形一動一靜、一反一正，彼此交集於尸毗王身上。如果說〈降魔成道〉中的動靜之「勢」構成了一種對抗，那

[1] 該設備承敦煌研究院保護研究所樊再軒研究員幫助提供，特致謝忱。

麼〈割肉貿鴿〉中的相合之「勢」則既從容、鎮定又激昂、飛揚，成功地將一位在痛苦中戰竦、因信仰而無怨無悔的尸毗王形象塑造了出來。

北朝的禪觀經典強調信眾要對佛的影像和事蹟產生徹底的感動，圖像與心靈感受之間的關係被佛教的禪觀修行特加強化了，而「勢」便正是連接圖像與觀看者的橋梁。可以想像，這種由「勢」所營造的整體畫面氛圍無疑會給古代信眾留下語言所無法傳達的感動與體悟。

傳神寫照正在阿堵中

《世說新語・巧藝》中記載了一則顧愷之的故事：他畫人像，很多年都不點眼珠，別人問他為什麼要這樣，他說：「四體妍媸，本無關於妙處，傳神寫照，正在阿堵中。」也就是說畫像要能傳神，最重要的就是眼睛了。接下去，他還強調，要想畫出靈活生動的眼神更難，「手揮五弦易，目送歸鴻難」，「手揮五弦」，「目送歸鴻」，本都出自嵇康的同一首詩，表達的是人一種「俯仰自得，游心太玄」的心境，但顧愷之認為，要畫出手揮五弦的動作是相對容易的，可畫出目送歸鴻的神態就太難了。這些說法都充分呈現了魏晉美學對眼睛與傳神的重視。

在254窟的壁畫中，我們可以看到很多令人過目難忘的傳神的眼睛。比如〈捨身飼虎〉中持骨骸的天人慟哭的眼睛、薩埵母親失神下耷的眼睛，〈降魔成道〉中魔女們秋波暗遞的眼睛，〈割肉貿鴿〉中尸毗王注視秤盤中自己的眼睛……這些眼睛超越時空交流傳神，塑造出一種「心靈的動態」。最典型的，是〈捨身飼虎〉中薩埵以竹枝刺頸，然後縱身跳下山崖時對「兩個」薩埵對視的表現，這種面對生死的自我問詢，寧靜而決絕，表現了薩埵鎮定而豐富的情感，具有一種非同尋常的心靈深度和佛學意味，在美術史上非常罕見。

這種對人內在心靈的重視亦可能得益於南朝美學家、佛學家、畫家宗炳（375-443），他「首次明確提出了『人是精神物』的觀念，把人定義為一種精神的、心靈的存在，里程碑式地在儒家標榜『禮義』人格，玄學追求『自我』人格之外，建立了『精神』人格，體現了古代士人人格理想由外而內、由形而神、由生命而精神、由存在而心靈的拓展深化過程」。[1] 也許正是這種在對人的自我認知中「由生命而精神、由存在而心靈」的拓展，啟發了〈捨身飼虎〉的畫師繪製了「兩個」薩埵，他們的目光緊密對視，如同「肉身我」與「精神我」在生死離別之際彼此審視與問詢，至今仍令觀眾有所思悟。

以形寫神

「以形寫神」是指利用形體來塑造精神氣質的藝術手法，往往與藝術家對客觀世界的想像與創造相伴相隨。這個美學命題也是由顧愷之提出的，作為畫家，這無疑是最重要的才能。

力與飛動的形

生命之力量與氣勢和美有著天然關聯。中國傳統中，這種關聯很早便被重視，孟子的「吾善養吾浩然之氣」，莊子的「解衣磅礴」，《周易》的「天行健，君子以自強不息」都強調了此點。在中國的書法藝術中，對於世間萬物的動態類比也非常突出，崔瑗在〈草書勢〉中描寫的草書形態有如「獸跂鳥跱，志在飛移，狡兔暴駭，將奔未馳」「騰蛇赴穴」「注岸崩崖」，都形象地描述了草書的動態之美。很多東西方研究中國藝術的論者都認為，中國藝術所表現的理想美，不在於它的裝飾性、工藝性，而在於其中所蘊含的偉大生命理想，不管客觀物像被描繪得多麼美麗，如果沒有

1 見儀平策著，陳炎主編：《中國審美文化史·秦漢魏晉南北朝卷》，第311-312頁，濟南：山東畫報出版社，2000年。

漢代藝術中生動的動態表現與254窟〈降魔成道〉魔眾的對比

寄託著人們崇高的企願，那也不是純粹的如實寫生。

254窟壁畫最能表現這一點的是〈降魔成道〉中魔怪的表現，那些「張眼吐舌，跳踉偃仆，抵掌頓腳」的魔眾，或將整個身體緊繃成一條弧線，或反身發力刺矛，或兩臂外展擔山，顯示出極強的力量感與動感。既區別於印度地區魔眾侏儒般矮短的滑稽喧鬧，也不同於犍陀羅地區的魔眾拘謹安靜地羅列於佛陀兩邊，同時又比西域克孜爾地區的魔眾更注重動態，更能體現漢文化中重視「力」與「飛動」的審美傳統。而且，254窟的魔眾在繼承漢代藝術的生動之外，又加強了個性特徵的表達——那些攻擊失敗的魔怪，面部與腹部的表情透露出驚恐無措的尷尬，非常風趣；還有兩個魔眾成員彼此糾纏著跌倒，其狼狽狀態表現無遺，比之生動又增加了精神與性格層面的刻畫。

在〈捨身飼虎〉整體比較穩重的造型感中，畫師將最具有「飛動」感的造型賦予了白塔邊上的飛天，他們昂揚的動勢將畫面之前沉鬱的氣息一掃而空，將永恆不朽的信仰之力導入光明的白塔。而〈割肉貿鴿〉中畫面上半部眾多飛動的飾帶造型，帶來強烈的動感與情感力度，也是之前其他地區的圖像所未表現出的，這同樣與華夏美學傳統中重視「飛動」之美一脈相承，同時又注入了佛教的內在精神元素。

「幾何形尺度」與「以形寫神」

顧愷之論〈北風詩〉一畫時，便已專門論及繪畫的「形」之美：「美麗之形，尺寸之制，陰陽之數，纖妙之跡，世所並貴。」這段論述最重要的價值在於，顧愷之把「形」之美與尺度問題聯結起來了。劉勰在《文心雕龍・定勢》中也指出：「如機發矢直，澗曲湍回，自然之趣也。圓者規體，其勢也自轉；方者矩形，其勢也自安。」其中「發則直、曲則回、圓者轉、方者安」的比喻，具有一種幾何學與力學的「尺度觀」。這些藝術實踐的表現與「尺度觀」的提出，除了藝術創作的規律和藝術家的悟性使然，大約也可以歸結到魏晉南北朝期間，中國在自然科學領域的數學教育與研究、天文學、材料科學、工具研發、地理科學等多方面取得的成果。祖沖之（429-500）求出了高精度的π值，其《大明曆》的某些關鍵資料與利用現代科技得出的數值相差極微；而河西地區也有高水準的數學家存在，成書於十六國後期至北魏初期的數學教科書《孫子算經》刊行於世，其中教授了許多數學及應用技巧；完備的圖學概念被建立了，例如劉徽於西元263年以「析理以辭，解體用圖」的方式，對勾股定律的證明、圓形直徑的獲得做出了精彩直接的幾何推演設計。這些成就或許使得當時的人們有能力以一種具有「尺度」的目光去看待、度量與表現世界。

在〈捨身飼虎〉的藝術實踐中，畫師很巧妙地使用了類似於幾何學的尺度觀來構架畫面的「勢」，塑造人物精神。在刺頸與跳崖的薩埵的目光自我注視之際，他們的身體造型可以概括為若干三角形的疊加，尤以跳起後收起的左腿最為明顯。畫師還將基本的幾何形進一步演繹，將薩埵刺頸的場面放在了鋸齒狀三角形群山疊加的畫面中，營造出一種逼仄窒息、令人不禁咬緊牙關的緊張感。緊張的場面、堅毅的體態、從容的心境，三者共同構成了這個場面難以言傳的美學深度。

在〈割肉貿鴿〉中，尸毗王的體態同樣包含著平行的框架性以及垂直與水平的造型，形成了身體的三角形與周邊視線連接形成的三角形之間的呼應；而在〈降魔成道〉中，佛陀的造型力量與他的坐姿所包含的三角形、背光的飽滿弧度密切相關。

「纖微向背，毫髮死生」的微妙造型

書法家王僧虔（426-485）在〈筆意贊〉中說：「纖微向背，毫髮死生。」顧愷之強調在畫眼睛的時候：「若長短、剛軟、深淺、廣狹與點睛之節，上下、大小、濃薄有一毫小失，則神氣與之俱變矣。」這些談的都是在造型上「差之毫釐，謬以千里」的微妙感受。

在臨壁畫的過程中，我們體會到254窟造型講究、繪製精準，與普通工匠繪製的洞窟絕不相同。舉一個例子，〈割肉貿鴿〉中尸毗王的坐姿就很難把握，他的頭微微低下，上身傾斜，而腿部卻非常穩定。頭、頸、肩的關係恰到好處，仰一分則顯自傲，低一分則顯自憐，準確傳達了他慈悲、堅定而悲憫的心態。印度龍樹山考古博物館所藏的一件西元二－三世紀的尸毗王圖像坐姿與此表現十分相似，但相比之下，印度那幅圖像的尸毗王坐姿更顯日常化，而254窟則在此基礎上強化了身體軀幹的平

尸毗王坐姿對壁臨摹線圖

行呼應關係。這樣的動作實際上很難做出，因此造型更為抽象而有概括力。在我們的臨本上，為了追摹與體驗原作的造型，這些部分都經過了反覆的擦拭與修改，壁畫中的人物造型設計很難輕易描摹下來，也可見當時繪製者細緻入微的斟酌推敲。

相似的例子很豐富，再如〈捨身飼虎〉圖中，薩埵生死凝望的場面，目光正是透過彎起的肘彎與飄帶之間細小的縫隙，而與對面的目光相連接；在〈捨身飼虎〉中，留有許多畫面調試改動的痕跡，例如被改為直角化的小虎的尾巴，便是為了塑造其所指向的薩埵發願場面的堅毅感。

何以匠心

254窟諸多精彩的藝術表現，又是如何構思而成的呢？我們亦可以在其時代美學中找尋答案。劉勰在《文心雕龍・神思》中提出：「陶鈞文思，貴在虛靜，疏瀹五藏，澡雪精神。積學以儲寶，酌理以富才，研閱以窮照，馴致以懌辭。」這個重要的審美創作論大意為：文思的陶冶得出，關鍵是擺脫利欲束縛，心中空靈專注，神氣通暢振奮。並且要注意學習積累經典，博採眾長，了解情理與藝術規律，細緻分析，順暢地表達。具體到佛教美術創作，經文、圖像傳統、現實生活就是畫師擁有的三座寶山，「疏瀹五藏，澡雪精神」的心靈準備，使畫面有深沉、博大的情懷，而「積學」「酌理」「研閱」「馴致」的學習、觀察、借鑑與修養，更使畫師獲得了出眾的表現技巧與創造力。

〈捨身飼虎〉左下方眾人悲悼薩埵的場面中，唯有一人沒有陷入悲慟之中，反而用清水灑在撲倒在地的人身上，令之甦醒。這種出離悲慟、獲得覺醒的契機，最終使得薩埵的親人們開始從悲痛中恢復過來，轉而讚嘆薩埵的功德。這一舉動造成了畫面「勢」與情感的重大轉折，而這個灑水者的出現，在現存的捨身飼虎圖像史中是唯一的。《金光明經》中的偈頌部分數次提到了「灑水」，可並未詳細表述，但254窟的畫師著意選取了這個潛含重要象徵意味與轉折契機的動作——灑出清涼之水，喚起覺醒，來作為整個「眾人悲悼」場面的點睛之筆，不能不說他對這個故事的文本非常熟悉，而且能夠洞悉表象背後的深刻義理。

〈降魔成道〉中三位魔女色誘佛陀而後變老的場面亦堪稱綜合創作的經典。在畫面的左邊，三位年輕的魔女正搔首弄姿，而右邊，則是衰老委頓、神情沮喪的老年魔女，這種唯妙唯肖的刻畫在之前的降魔成道圖像史中從未出現過。在現存的圖像史中，魔女們往往都是以色誘或糾纏為主，而在姿態的對比、塑造的生動與凝鍊性等方面，254窟有了豐富的發展。這提示我們，畫師曾下過相當的功夫去研讀經文，了解前人的長處與不足，同時還會觀察他所生活的世界，獲取生動的素材，甚至，他或許會自己來扮演魔女，反覆推敲其情緒以求得最精彩的表現。然後他們放下束縛，全力以赴開始創作，「登山則情滿於山，觀海則意溢於海，我才之多少，將與風雲而並驅矣」，把佛教故事、義理與審美創作高水準地結合在一起，繪製出載譽美術史的經典之作，直至今日依然能深深打動觀者。

錢穆先生認為，佛教從魏晉的後期，特別是南北朝時期，進入了一個非常重要的內部思索階段。他說：「佛教之慈悲觀和平等觀，不僅撫慰了亂世中的人心，掌握了社會大眾的教育權，還用返心內觀的思辨精神，進入儒家子弟的思想世界。」正是在這個意義上，中國的士人開始把佛教所謂的宗教轉化成教化，把佛法轉化成義理，將無我轉化成天倫，「盡心知性，盡性知天，自性自修，自性迷即眾生，自性悟即是佛，萬法在於內心」，佛教的價值觀開始進入到士大夫的內在世界，使得傳統的儒家思想、道家思想和佛家思想慢慢融合。正是由於對外來文化不斷內省式、內化式地吸收與創新，使得中國文化在中古時期有了一個新的奠基。透過254窟，我們從藝術上也可清晰見到本土美學與外來因素在時代大潮中的交融碰撞，以及由此激發出頗具精神性的、直指人心的創造力。

〔附錄一〕

一座石窟的開鑿過程

莫高窟的開鑿應歸功於
千百年來傾心供養、
營建與呵護這裡的供養人——
捐資者、僧團及工匠群體。
正是他們，
在無論承平還是
戰亂的時代背景下，
竭誠地將他們對生活與
對未來的企望寄託於
壁畫與塑像之中，
鼓舞與激勵人們
向善、進取。
他們對生活與
宗教藝術之美的
追求和體驗被銘記下來，
為我們今天接續祖先的
歷史生命與心靈提供了契機。
這些供養人的身分
大致為當地世家大族、官員、
僧眾、百姓；
其民族屬性十分豐富，
包括漢族、鮮卑、拓跋、
吐蕃、党項、蒙古、回鶻，
承載著豐富的歷史人文、
宗教藝術、社會經濟資訊。
當年，
實施一座洞窟的開鑿
大約需要這樣的過程……

1

一

有恰當的因緣發起。由於某些契機，供養人團體組織起來，捐出一筆善款來營造一處石窟，以表達某種心願及祈福。相應的僧團與匠師團隊對主題思想、內容構成進行方案設計。在捐資與組織工作中處於主導地位的人士，往往被尊稱為此窟的功德主。一生能有幸獲取功德主（窟主）的稱譽是無上的榮耀。

3-1

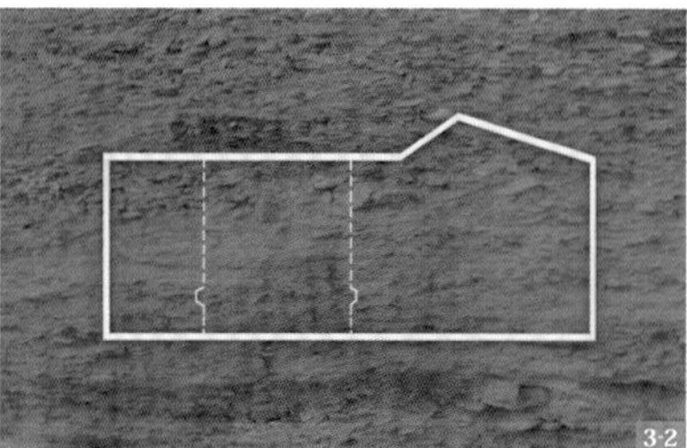
3-2

二

確定整體規劃，選擇恰當的崖面進行開鑿。莫高窟崖壁的岩石構造主要為膠結沉積岩，外層的石質由於風化等原因較為疏鬆，但越往崖體深處便越緻密堅硬，如果開鑿一處大規模的洞窟，需要巨大的勞動量與縝密的施工。在開鑿的過程中，匠師們往往先開鑿出窟門和甬道，之後根據整體的設計，向岩體中整體推進，最後再進行建築構造的細節塑造，例如人字披頂的開鑿、壁龕的排布等，這樣在施工的整體上較為便捷可控。從藏經洞出土的文獻中可以看到，中晚唐以後，石窟的營建團隊已經高度細分與專業化了，開鑿石壁的匠師被稱為打窟人。文獻中還留下了中晚唐時期匠師們的伙食標準：每日兩餐，早飯是一種叫餺飥的麵食，午飯是一到兩枚胡餅（芝麻餅），在嚴冬施工時，還供給米酒來取暖。想像一下，呵氣成霜的時節，這些打窟匠們站在高高的腳手架上，以繩索懸於空中，揮動錘鑿，跳動的燈火為他們的面龐勾出一道暖光。千年來一斧一鑿的積累，方得以開創出這一片莫高窟的佛國天地。

三

當整個大的洞窟構造被鑿出後，其建築空間與架構也就搭建出來了，剩下的便是將這個空間進行視覺化呈現的工作。負責處理牆面地仗的泥灰匠便開始工作了，他們以就近取材的天然材料——宕泉河道中沉積的澄板土，沙漠中麻類植物的莖、麥秸稈等，加以切細、攪拌，然後再由粗到細多次塗抹在石壁上，直到最表層繪製壁畫的一層較為光滑平整、適於繪製為止。晚期的許多洞窟，還會在繪製壁畫之前覆滿細密的白灰作底。窟頂的泥壁由於工作空間的限制，處理難度更大，因而還有一個專門的細分工種——「上仰泥博士」來專司此職。在莫高窟的壁面與彩塑的破損處，經常會露出當年的麻筋等接合材料，其光澤與彈性雖歷經千年卻依舊如新，令人感慨大自然造物與先輩擇材的智慧與遠見。

1 *隨著東西風尚交替，供養人的服飾亦隨之變化。在西魏285窟的壁畫中，這位女性供養人衣帶翩翩，呈現出鮮明的漢文化審美特質，她被繪於最靠近佛座的位置，應是本窟最尊崇的供養人。*

2 *藏經洞出土的北魏太和三年（479）抄《金光明經》（S616）後記中紀錄了抄寫此經卷的因緣，乃是眾弟子們為一位名為永保的圓寂高僧薦福而抄寫。弟子尊稱先師為「龍泉窟主」，說明他生前曾主導過一個命名為「龍泉窟」的石窟的營建工作，而此榮譽也是永保十分珍視的。*

3 *一座洞窟的開鑿施工步驟圖。*

2

3-4

3-5

3-6

4 在莫高窟北周第296窟的北壁中繪製了從事建築施工與繪製的工匠，在圖的上部，一群赤裸上身的匠師在為一座塔基一樣的建築貼砌磚瓦，在下部，兩位著衣的匠師手持顏料碟與畫筆正在為一處即將竣工的房舍繪製裝飾圖案。

5 在莫高窟五代第72窟的南壁中繪製了一組生動的施工場面，匠師與僧人、供養人們透過腳手架爬上依山而建的高大佛像，對佛像的頭部進行修繕與安裝。除了出力幹活的人，現場還表現出強烈的儀式感，有持香爐與跪地合十念誦的人們，畫面下方還有在桿頭雜耍娛佛的孩童。

6 在敦煌西千佛洞（北魏）第7窟中，一位畫師用土紅色線條所揮灑勾勒出的飛天線稿，雖未及著色，但氣韻已十足生動，充分表現了繪製者的嫻熟技巧與從容氣度。

當地仗都準備好後，畫師們便要按照之前的設計方案開始揮毫，將故事畫、千佛、飛天、彩塑等造型元素依據一定的規則加以定位。定位所借助的手段，最常見的便是墨斗，畫師利用墨斗彈出的橫縱線來確定壁面各種元素的位置關係。254窟中雖然沒有見到明顯的彈線痕跡，但其工作思緒應是一致的，只是更多地借助經驗目測或用其他手段。

5

6

五

定了整體位置後，更具體的繪製工作便開始了。首先是起稿，畫師團隊中最富經驗與創造力的畫師們往往會擔負這一決定性的工作。畫師常用土紅色的線條勾勒出整體的概貌，細心地經營位置、確定形象、構建畫面的氣韻。

然後是著色。在此工作中，畫師所使用的顏料大致分為三類：

第一類是礦物質顏料，例如青金石、石青、石綠、白堊、朱砂等，這些顏料都是由天然的礦石研磨而成，色彩較穩定。

第二類是化合顏料，這類顏料是以人工方式合成提煉的，例如鉛白、鉛丹、密陀僧等，因其色彩覆蓋力強、明麗以及經濟性，在敦煌壁畫中曾大量使用，但隨著時間流逝，也正是這些顏色顯現出較大的黯淡變化，從而使敦煌壁畫呈現出迥然不同的面貌。

第三類則是從植物中萃取的有機顏料，這一類顏料色彩透明、柔和，很適合罩染氛圍及勾勒細節，但往往隨著時間流逝而變得幾乎難以用肉眼辨別。紫外線可以激發部分有機顏料的螢光反應，從而判斷其曾經的使用形態，而且往往還能令人驚訝地還原出失落於歷史塵埃之中的藝術原貌。例如前文中呈現的〈薩埵捨身飼虎〉，在紫外線照射下，會顯現出薩埵俯身飼虎時被虎所齧咬出的血跡，〈尸毗王割肉貿鴿〉一圖中，尸毗王裙裾上用植物顏料所繪製的細密紋褶也會在紫外線照射下顯現出來。[1]

[1] 對於多種光照條件下的壁畫觀察與研究，請參見柴勃隆、王小偉、湯愛玲、范宇權：〈多光譜攝影在莫高窟壁畫現狀調查及繪畫技法研究中的初步應用〉，載於《敦煌研究》2008年第6期。

除了壁畫的繪製，窟內彩塑也是重要的元素。尤其是窟內的主尊雕塑，往往是信眾們寄託最多虔敬與期許的對象。由於敦煌莫高窟崖壁石質粗礪的特性，塑匠們無法利用石材本身鑿成石雕，而必須要配合其他的材料，如麻草、木架的內部填充與泥質材料的表面處理，才能塑造出理想的雕塑。在彩塑中，除了雕塑技巧的運用，最後的彩繪工序也是十分重要，俗話說「三分塑，七分彩」，彩繪可以將精氣神精密而凝鍊地灌注在塑像中。莫高窟所存的精彩雕塑無不是塑繪高度結合的產物。

除了洞窟內的圖像繪製與彩塑，窟外往往也要進行洞窟前木構建築及棧道的修造工作，這就是木匠師傅的任務了。今天我們在崖壁上看到的一排或大或小的椿孔，便提示人們當年曾經以這些椿孔中的木椿為支撐著力點，進行過木構建築工作。儘管這些窟外的建築與棧道構造已多次變遷，但其當年所發揮的實際作用卻是至關重要的。

存於莫高窟的〈大唐隴西李府君修功德記〉碑文曾這樣描述初唐時莫高窟的崖面：「爾其簷飛雁翅，砌盤龍鱗；雲霧生於戶牖，雷霆走於階陛。左豁平陸，目極遠山；前流長河，波映重閣。」〈唐宗子隴西李氏再修功德記〉碑文也寫道：「於是乃募良工，訪其杞梓，貿材運斧，百堵俄成……未及星環，斯構矗立。雕簷化出，巍峨不讓於龍宮；懸閣重軒，曉萬層於日際。」這些文句呈現出莫高窟整體外觀的雄奇偉岸，「聖燈時照，一川星明」，竭誠營建與瞻禮的人們所持的燈火映照在窟前流淌的宕泉長河之中，宛若星辰，他們共同締造了這片洪荒大地上的奇蹟。

7 礦物類顏料的礦石與研磨而成的顏料，隨著研磨顆粒的細化，顏料的色澤也逐漸變淺，以此形成色彩的明度變化。

8 莫高窟北魏第260窟內南壁，同一個畫面人物，卻顯現出巨大的色彩差別。因為當年用含鉛的顏料繪製肌膚，當繪製完成一段時間後，畫面的一部分曾長期被覆蓋，較少接觸空氣及光照，故而維持了原貌。而暴露在空氣中的那部分含鉛的顏料，則已由鮮明的肌膚肉色褪轉為灰色。

9 洞窟的外觀，儘管經過現代維修加固，但從層層疊疊的洞窟還可以想見當年棧道勾連、香火繚繞時的繁華與壯觀。

10 這尊唐代的雕塑生動地呈現了匠師製作的步驟，用木頭搭建雕塑的骨骼。

〔附錄二〕

〈捨身飼虎〉的顏料分析

關於敦煌壁畫的最初顏色，一直是很多藝術愛好者關心的話題。由於時間的侵蝕，我們今天看到的很多敦煌壁畫已經是變色之後的結果了。不過，基於現代的檢測技術，研究人員已可以大體測定畫面的顏料成分，雖然尚無法更精確地了解這些顏色當年的微妙色相、明度及冷暖程度，但這已使我們距更深入地認知這些壁畫的原貌又近了一步。

借掌上型X光螢光繞射儀，[1] 我們有機會檢測了〈捨身飼虎〉畫面顏料的主要成分。畫面中非常穩定的是白色與藍色的部分。白色部分，例如白塔，有大量的鈣的峰值被檢出，證實了這裡是由含鈣的白堊或石膏顏料所繪製，而白堊及石膏是穩定的礦物顏料，幾乎不會發生變色。畫面中藍色的部分由兩種穩定的顏料組成，其中色澤較淺的藍色以含銅為主，是石青的成分；色澤較深的部分以含鈉的青金石為顏料成分。青金石是一種寶石級的礦物，在中國本土沒有礦藏，只在阿富汗有優質的礦藏出產，透過商隊跨越帕米爾高原輸入中國。畫面中方寸之間晶瑩而深沉的恆久之藍，既是精神表達的載體，也是人類文明交流與傳播的見證。畫中藍、白色的分布與當年畫師繪成時的效果相比無太大變化。

薩埵觀虎時，他左手邊的王兄，身著紅色的裙子，在裙子基底下有白色的地仗部分也顯露出來了，這又是另一種情形。畫師當年在繪製時，為了突出色彩的鮮明性，往往會在藍色與紅色之下先繪以白色。這樣，當藍色與紅色繪在白色的基底之上後，其反射度會高於直接繪製在土色的地仗之上，因而使得色彩更純淨明亮。但在本畫面中，這種地仗底色大面積露出的部分唯此一處。

畫面中棕紅色的部分主要能檢測到三種成分：

1.鉛：畫中人物的皮膚及衣裙部分顯示出較強的鉛的峰值，據此可以推測當時畫師是使用鉛丹來繪製的，鉛丹的本色為紅色，但較易在空氣中氧化變暗乃至變黑，今天我們看到的眾人的膚色應該就是黯淡化進程的結果。整個畫面中各個人物的色彩並不一致，例如母親懷中的薩埵膚色便比較明亮，而畫面左下角悲悼的人群則膚色黝黯。問題的複雜之處在於，我們尚無法簡單判斷各位人物膚色的不同，有多少是當時畫師藝術處理的因素，又有多少是變色造成的差異，或者兩者兼而有之。[2]

2.砷：畫中的幾處重顏色，例如幾位人物的裙子、眾虎的身體、群山，在檢測儀的掃描下顯示出強烈的砷的峰值，而砷的出現通常說明應用了黃色系的顏料，例如雄黃及雌黃。這提示我們，當初這些重色有可能是更加偏黃的色彩，而含砷顏料變色後往往呈現深紫褐色的色彩傾向。這些含砷的礦物顏料，研究者認為來自於波斯帝國，[3] 若的確如此，那麼一鋪壁畫的材料之中，就囊括了興都庫什山脈的寒冽與中亞平原的熱風，真可謂「一沙一世界」。

3.汞：汞元素是朱砂顏料的主要成分，豔麗穩重的紅色朱砂顏料也是敦煌壁畫中不可或缺的色彩。畫面中部分背景及衣著顯示出汞的峰值，或呈現汞與其他元素的共存，例如畫面中間舉手發願的薩埵的長袍，便檢測到汞與鉛的峰值並存。當年畫師可能是用多次疊加的方式來繪製這襲長袍，利用朱砂與鉛丹的色彩差異取得視覺效果的豐富性。

❶ 本調查承敦煌研究院保護研究所所長蘇伯民先生，于宗仁、柴勃隆、李娜、崔強、張文元等諸位研究員同仁的支持，進行了X光螢光繞射檢測、拉曼光譜儀測定、高倍電子顯微鏡觀察等科學分析，特致謝忱。

❷ 關於敦煌壁畫中色彩變化的複雜性與交互關聯的個案研究，請參見蘇伯民、胡之德、李最雄：〈敦煌壁畫中混合紅色顏料的穩定性研究〉，載於《敦煌研究》1996年第3期。

❸ 有關敦煌及新疆地區壁畫顏料的研究，請參見〔美〕羅斯福．蓋特斯撰，江致勤、王進玉譯：〈中國顏料的初步研究〉，載於《敦煌研究》1987年第1期。

❹ 關於北朝早期莫高窟壁畫顏料的特性較為完備的分析，請參見樊錦詩、蔡偉堂、黃文昆編：〈莫高窟第266-275窟考古報告〉，〈莫高窟早期三窟壁畫和彩塑製作材料分析〉，《敦煌石窟全集》第1卷，第343-366頁，北京：文物出版社，2011年。

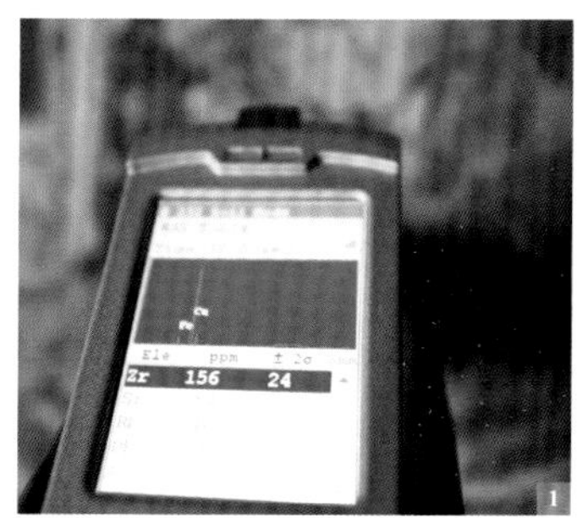

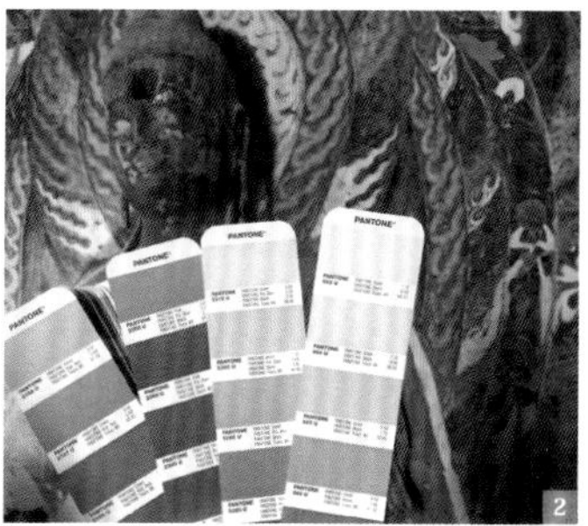

1 使用掌上型X光螢光繞射儀在〈捨身飼虎〉圖前進行測量，峰值顯示父母悲悼薩埵的局部中，母親裙子部分的藍色顏料以含銅的顏料為主。

2 透過色票比對，認知洞窟中的色彩屬性。

3 透過掌上型X光螢光繞射儀並結合拉曼光譜測定的資料對〈捨身飼虎〉壁畫顏料成分的初步標示。

綜上所測，今日所見畫面整體的紅棕色調在當初可能更加鮮明，色彩的對比度更強。隨著檢測技術與綜合研究的深入，[4] 如果有朝一日能夠還原當年新鮮落成時的壁畫場景，將是一件令人激動的事情。而從現有的情況看來，儘管畫面有部分變色存在，但形象造型依然保存完好，不會對視覺運行之「勢」產生太大干擾，透過造型語言來深入揣摩古代畫師匠心的嘗試是充分可行的。

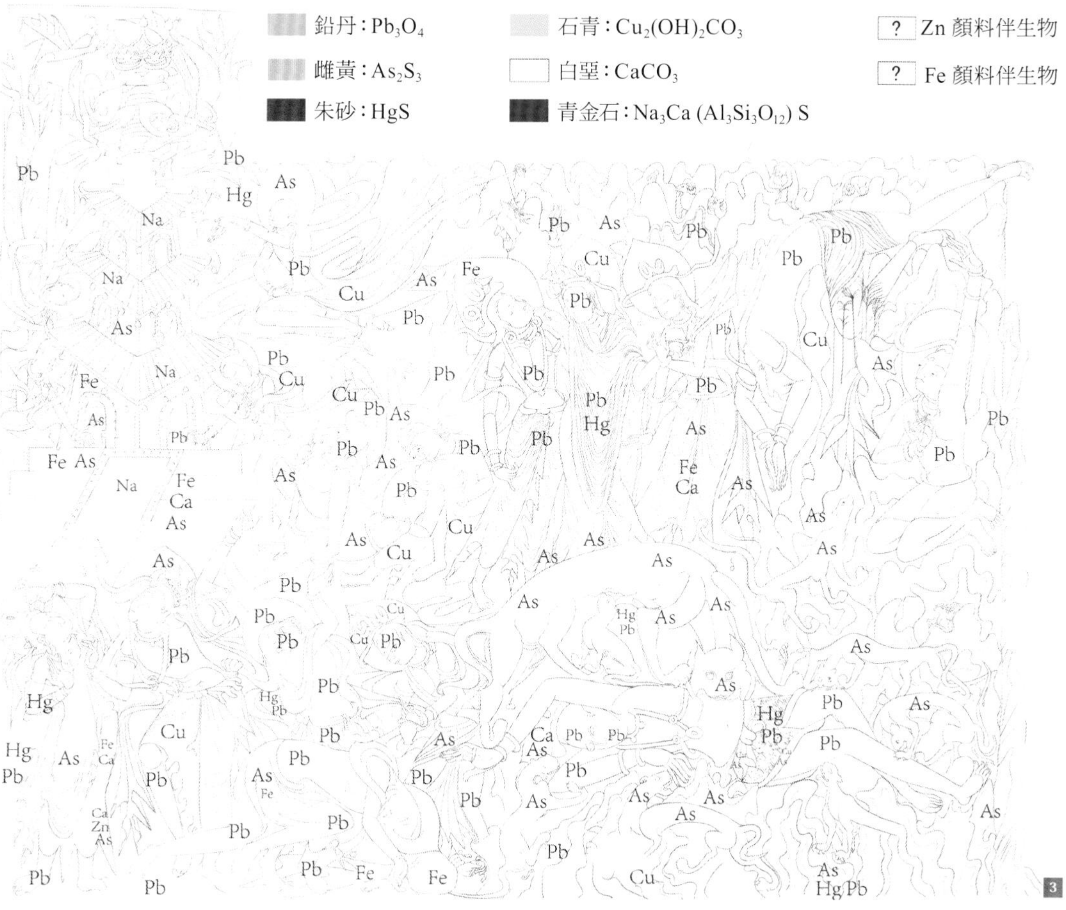

鉛丹：Pb_3O_4　　石青：$Cu_2(OH)_2CO_3$　　? Zn 顏料伴生物

雌黃：As_2S_3　　白堊：$CaCO_3$　　? Fe 顏料伴生物

朱砂：HgS　　青金石：$Na_3Ca(Al_3Si_3O_{12})S$

3

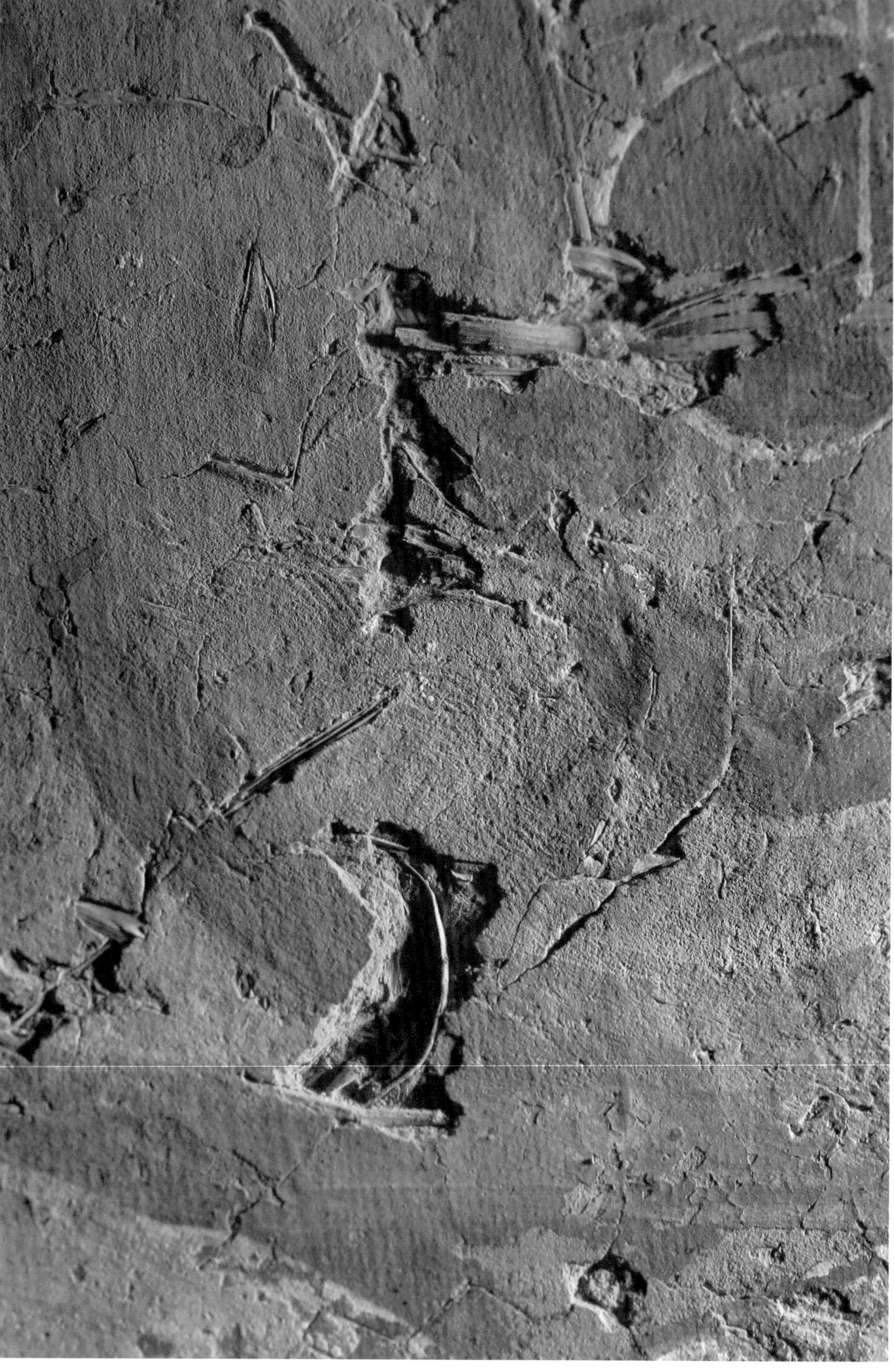

後記

北魏與莫高窟是兩個遙遠得有些讓人恍惚的詞。如果在某個晴朗的上午開始讀這本書，那麼無論身處何方，都不妨愉快地想像一下：我們從照在書本上的陽光追溯到亮閃閃的太陽，那太陽有一部分光透過雲朵、沙漠的浮塵和白楊樹梢，照在敦煌莫高窟的254窟前，然後透過石窟的門口與明窗，陽光會將這個大約一千五百多年前開鑿於北魏的佛教石窟照得亮堂堂的，而我們，本書的作者，正在254窟中一邊臨摹，一邊將我們的感受跟大家講述。

作為美術工作者，最初，我們也久聞這座石窟的盛名，看到印刷品會覺得有某種感觸，但對於它究竟好在哪裡並沒有更深入的認識，也無法明確地說出來。其實，這些年來，到敦煌的遊客達到每年近一百餘萬人，敦煌作為一個歷時逾千年、跨越十個朝代、未曾中斷的藝術寶庫，它的整體精彩紛呈，但也相當龐大、複雜。最讓我們感動的是，歷經辛苦的參觀者得到良好的講解與觀看體驗後，他們眼神中所煥發出的光彩。這光彩表明了他們審美的喜悅，也標誌著他們在漫長的歷史過往中找到了屬於當下自我的文化感受與溫度。這種文化喜悅感的力量是無窮的。如何讓觀眾跨越茫漠的時間與觀看條件的限制，增進對莫高窟這一寶貴文化遺產的了解，是我們不斷思考與努力的方向。

我們不希望用流於空洞的溢美之詞來形容這座石窟，我們希望從最初感動我們的情感與線索入手，與觀眾一同去深入認識這其中所包含的匠心與具體的藝術技巧。而獲得這些認識的主要途徑就是透過對壁畫的臨摹，在盡可能地接近這十五個世紀前的作品時，去細微地觀察與體驗它。

254窟的捨身飼虎、降魔成道、割肉貿鴿以及其他圖像，前

（左頁圖）
254 窟中的掌印

未見於古人，後不見於來者。其中豐富的表現技巧與深邃的佛教思考的結合，如同絢爛的煙花，映照時又歸於漫長的沉默。「江畔何人初見月，江月何年初照人？」其間那些複雜的因緣，剎那的妙思，又豈是千年之後的我們所能全部了解的？我們所能做的，唯有在面對這讓我們感動的先輩遺產時，盡可能深入細緻地分析與思考，期望可以溝通這漫長的時空，並帶來些許啟發。

本書的寫作，也是我們圍繞敦煌石窟藝術經典進行研究與闡釋，不斷學習與成長的過程。記得在本書寫作最膠著的過程中，曾經夢到在費力攀爬一座山，灌木莽莽，難窺全貌，而今在各方賢能的助緣下，終於可以超越自我學識的羈絆，完成一個階段的旅程，體驗到一種由衷的喜悅。誠如前輩師長所言，把生命和歷史、藝術聯結在一起是最幸福的事情。要感謝太多先生與同仁的指導和幫助：袁運生先生引導我們與敦煌的古老文明建立最初的聯結；樊錦詩、馬世長、孫曉林先生始終在精神與生活層面給予無私關懷，鞭策我們不斷前行；劉濤、鄭岩、杭侃、李美賢、李靜傑、胡錘、祁慶國、武藝先生圍繞壁畫闡釋工作提供了很多寶貴建議；劉寧、舒煒先生為本書的形成創造了機緣；敦煌研究院的王旭東、趙聲良、張先堂等先生給予敦煌藝術經典闡釋工作大力支持與悉心指導；美術研究所侯黎明先生、敦煌石窟文物保護研究陳列中心婁婕先生、文物數位化研究所吳健先生、考古研究所王惠民先生、保護研究所蘇伯明先生，還有敦煌志願者黃苑薇、凌振華伉儷及各界同仁，在闡釋研究、高精度數位影像、壁畫顏料技術分析及科技輔助觀測、翻譯等方面均給予了慷慨協助。還要感謝一路相伴的朋友們，有了責任編輯楊樂的全力投入，藝術家郝強的造型指導，美編李猛及其團隊的精心設計，以及國棟、魏正中、郭峰、楊力、張泉、夏楠、孫海濤、牛源、陳瑾、宏梅等好友的建議直言，本書才得以順利完成，謹此致謝。

本書第一、二、六章為陳海濤執筆；第三、四、五章為陳琦執筆。書中實物圖片由敦煌研究院文物數位化研究所的同仁團隊採集製作，敦煌石窟全景圖由董希文先生繪製，254窟測繪圖由孫儒澗先生繪製，壁畫線描圖由陳琦、陳海濤繪製，圖案等線描圖由陳菲繪製，三維效果圖由朱筱製作，地圖由楊東海、解放繪製，外景由陳海濤拍攝。

254窟全景漫遊

《捨身飼虎》影片

《降魔成道》影片

國家圖書館出版品預行編目資料

圖說敦煌二五四窟 完全典藏版／陳海濤、陳琦 著．
-- 初版．--
臺北市：三采文化，2020.01 -- 面；公分．--
（Beauté 06）

ISBN 978-957-658-245-5（精裝）
1. 藝術鑑賞 2. 人文史地 3. 敦煌學 4. 石窟 5. 壁畫
797.9 108015085

suncolor 三采文化集團

Beauté 06
圖說敦煌二五四窟 完全典藏版

作者｜陳海濤、陳琦
主編｜戴傳欣 美術主編｜藍秀婷 封面設計｜李蕙雲
版權負責｜孔奕涵 內頁排版｜陳育彤 校對｜黃薇霓

發行人｜張輝明 總編輯｜曾雅青 發行所｜三采文化股份有限公司
地址｜台北市內湖區瑞光路 513 巷 33 號 8 樓
傳訊｜TEL:8797-1234 FAX:8797-1688 網址｜www.suncolor.com.tw
郵政劃撥｜帳號：14319060 戶名：三采文化股份有限公司
本版發行｜2020 年 1 月 17 日 定價｜NT$720